0焦虑，
让孩子爱上学习

唐 刚 著

为家长提供指南
让孩子树立自信

中山大学出版社
SUN YAT-SEN UNIVERSITY PRESS
·广州·

版权所有　翻印必究

图书在版编目（CIP）数据

0焦虑，让孩子爱上学习/唐刚著. —广州：中山大学出版社，2021.12
ISBN 978-7-306-07129-3

Ⅰ.①0… Ⅱ.①唐… Ⅲ.①学习兴趣—家庭教育 Ⅳ.①G78 ②G442

中国版本图书馆 CIP 数据核字（2021）第 270034 号

| 出 版 人：王天琪 |
| 策划编辑：曾育林 |
| 责任编辑：曾育林 |
| 封面设计：曾　斌　邓慧欣 |
| 责任校对：袁双艳 |
| 责任技编：靳晓虹 |
| 出版发行：中山大学出版社 |
| 电　　话：编辑部 020-84113349，84110776，84111997，84110779，84111996，84110283 |
| 　　　　　发行部 020-84111998，84111981，84111160 |
| 地　　址：广州市新港西路 135 号 |
| 邮　　编：510275　　传　　真：020-84036565 |
| 网　　址：http://www.zsup.com.cn　E-mail：zdcbs@mail.sysu.edu.cn |
| 印 刷 者：佛山市浩文彩色印刷有限公司 |
| 规　　格：787mm×1092mm　1/16　12.625 印张　258 千字 |
| 版次印次：2021 年 12 月第 1 版　2021 年 12 月第 1 次印刷 |
| 定　　价：68.00 元 |

如发现本书因印装质量影响阅读，请与出版社发行部联系调换

自序：改变，从现在开始！

一个人只要改变心态，便能改变自己的未来，这是有史以来最棒的发现。

——奥普拉·温弗瑞[①]

现如今，竞争与挑战伴随着孩子的一生。从孩童时代起，孩子们就需要面对种种考验，例如社交活动、才艺展示、体育竞赛以及大大小小的学业考试等。这些挑战随处可见，但我们必须予以重视。因为，也许这只是一次寻常的自我展示与表达，也许它就会成为决定孩子人生命运的关键时刻。

然而，面对这些随时出现的挑战，孩子们的表现却截然不同。这个不同不只是反映在态度、选择和行为上，而且结果上也会体现出鲜明的差异。久而久之，我们会发现孩子们可以被划分为两种类型：积极自信的孩子和消极怯懦的孩子。

---

① 奥普拉·温弗瑞（Oprah Winfrey），1954年1月29日出生于美国密西西比州科修斯科，著名脱口秀演员、制片人、主持人。

那些积极自信的孩子，他们懂得如何去爱和接纳自己；他们自我认同、自我尊重，总是元气满满；他们目标清晰、规划长远，从不畏惧挑战；他们热情坚定、行动果敢，敢于表达自己的看法，勇于为自己的行为负责；他们有始有终、永不言弃，绝不会踌躇不前，更不会半途而废；他们知道如何建立自信，获得成功。

那些消极怯懦的孩子，他们自艾自怜、软弱自卑，常常自我设限，自暴自弃；他们目标混乱、不切实际，往往踌躇不前，不敢迈出第一步；他们脆弱不安、心存畏惧，总是抗拒改变，沉沦在恐惧里；他们行事冲动，事后又懊悔不已；他们喜怒无常，无法控制情绪，总是心怀怨恨，将自己困在焦虑的夹缝里。

同样都是孩子，生活条件、学习环境大同小异，为何会出现如此截然不同的现象？在平时的生活中，家长们其实很少会认真思考这种现象背后更深层次的原因。他们往往会下意识地将问题掩盖起来，试图逃避这份焦虑。

那些一次又一次惨遭失败打击的家长尤其如此。他们总是会下意识地把问题归结于孩子们的先天差异上，试图以虚无缥缈的天赋理论来推卸责任；他们总是会在潜意识里拒绝承认自己在教育方法上存在缺失和不足，对那些可以快速改善现状的良方妙药视而不见。他们要么抱怨命运的不公，自怨自艾；要么对孩子进行批评、否定，埋怨他们不够努力。

于是，现实问题并未被解决，真正的原因却被人为地隐藏了起来。然而，被隐藏的部分不但不能解决问题，反而会制造问题，可能将孩子仅剩不多的一点点自信也给摧毁殆尽了。最终等待的唯有失败。

自序：改变，从现在开始！

但是，明智的家长往往不会被负面的表象所迷惑。他们不会抱怨，只会认真审视自己的行为，再度观察和了解孩子的个性，寻找、分析问题的根源，然后解除它。而后，他们会帮助孩子自我疗愈，帮助孩子端正心态，锻炼勇气，重拾自信。

阅读到这里，你不妨问问自己，你的孩子目前属于哪一种类型，是积极自信的"未来之星"，还是消极怯懦的"叛逆之子"？

如果你的答案是前者，那么，恭喜你，你一定家庭和睦，生活幸福美满，孩子更是前途光明。当然，在你正确的教育方法和良好的亲子关系中，或许也存在着一些值得优化的部分，希望本书能够帮助你完善属于你自己的"育子良方"，让你的孩子拥有更加美好的未来。

如果你的答案是后者，那么，我要郑重提醒你，也许你的孩子受到的负面影响还未深，也许他已经深陷困境。无论如何，距离孩子最近的只有你，能够帮助他摆脱困境的也只有你！请认真阅读本书，利用我在书中给出的方法和工具，成为孩子的专属"情绪训练师"。找到让孩子深陷困境的症结，对症下药，帮助孩子重筑自信，一步一个脚印地走出困境，走向通往成功的路。

阅读本书，你会看到坏情绪是如何对孩子的心态造成破坏的，你会了解到原来设定一个具备美感的目标是可以成为孩子转变过程中的巨大助推力的。

阅读本书，你将会获知"情绪开关"和观想成功法在孩子心态塑造上的神奇妙用，你将学会利用"情绪手账"和"拖延时钟"来帮助孩子实现自律和自我监督。

阅读本书，你将会得知，优秀的学习方法是帮助孩子取得好成绩

的"灵丹妙药";你将会得知,作为榜样的你究竟对孩子的成长有多重要。

现在,我想把文章开头奥普拉·温弗瑞的那句话送给你和你的孩子。马上行动起来吧!

改变未来,从现在开始!

唐 刚

2021年12月

目 录

情绪管理编

第一章　小测试：测测孩子的自信指数 ·· 3

第二章　孩子自信的六个特征 ··· 7
　　特征一：自我尊重、自我认同 ·· 7
　　特征二：目标清晰、规划长远 ·· 7
　　特征三：擅长表达、行动果敢 ·· 7
　　特征四：循序渐进、高效有方 ·· 8
　　特征五：坚定专注、永不言弃 ·· 8
　　特征六：心态健康、元气满满 ·· 8

第三章　如何帮助孩子做到有效的情绪管理 ····································· 9
　　情绪管理：构筑自信的第一步 ·· 9
　　认识孩子的小情绪：走进孩子的情绪世界 ································· 10
　　小游戏：照镜子和自画像 ·· 11
　　小工具：情绪标签与情绪手账 ··· 11
　　有效管理：情绪认知是一个持续性动作 ···································· 13

第四章　自信的天敌：紧张与畏惧 ·· 15
　　负面情绪：自信的头号大敌 ··· 15
　　没有人能做到不紧张 ·· 20

第五章　情绪免疫：巧用负面情绪 ·· 23
　　避免盲目乐观，随时做好迎接失败的准备 ································· 23

　　　　情绪免疫，给情绪打一剂"预防针" ························· 24
　　　　预判：一种有关逻辑思维与有效控制的能力 ··············· 25
　　　　穷举法与失败模拟训练 ·· 27
第六章　善用正能量 ··· 33
　　　　积极心理学与观想成功法 ······································· 33
　　　　神奇的正念 ·· 35
　　　　正念训练的核心内容是冥想练习 ······························ 35
第七章　行为疗法：从根本上消除恐惧来源 ······················· 37
第八章　注意力转移法与适度宣泄法 ································· 40
第九章　勇气榜样：父母是孩子专属的情绪训练师 ·············· 43

目标管理编

第一章　兴趣，迸发的热情 ··· 49
第二章　神秘的吸引力法则 ··· 54
第三章　制定具有美感的目标 ·· 56
　　　　五星原则：SMART 法则 ······································· 56
　　　　目标拆解的艺术 ··· 61
　　　　神奇的"攀登线" ·· 64
　　　　即时反馈：像痴迷电子游戏一样爱上学习 ················· 66
　　　　当目标完成之后 ··· 68
　　　　小工具：创建一张目标图 ······································ 70
第四章　线段公理：找出实现目标的最短路径 ···················· 72
第五章　有效坚持和无效坚持 ·· 75

战胜拖延编

第一章	拖延症小测试（皮尔斯测试）	81
第二章	你的孩子有"拖延基因"吗？	83
	先天性生理因素	85
	后天心理因素和行为因素	85
第三章	拖延症的危害	93
	虚度光阴，错失良机	93
	慢一步，全盘皆输	94
	你的健康毁于拖延	96
	深渊般的负罪感	97
	一粒老鼠屎，坏了一锅汤	98
	蝴蝶效应，麻烦风暴	99
第四章	如何帮助孩子摆脱拖延症	100
	培养孩子的时间观念	100
	排除干扰，打造环境"真空"	102
	调整心情，走出心理舒适区	103
	设定明确目标	105
	明确事情的优先级	106
	打败完美主义和强迫症	106
第五章	利用工具克制拖延	110
	期限拖延	110
	个人事务拖延	112
	简单拖延	114
	复杂拖延	115
第六章	强大的意志力	117
	什么是意志力	117

锤炼意志，认知升级 ………………………………………… 120

　　借助群体的力量，加固意志力 …………………………………… 120

第七章　言必信，行必果 …………………………………………… 123

学习方法编

第一章　"我要学"的力量 ………………………………………… 127

　　自我价值和自我激励 ……………………………………………… 128

　　需求驱动 …………………………………………………………… 129

　　目标提醒 …………………………………………………………… 131

第二章　学习中的时间管理 ………………………………………… 133

　　清晰的目标和计划是时间管理的前提条件 ……………………… 134

　　学习时间并不是越长越好 ………………………………………… 135

　　"黄金时间"和"垃圾时间" …………………………………… 135

　　断舍离，清除占用时间的"垃圾" ……………………………… 137

　　"拿来主义"能够节省时间 ……………………………………… 138

　　学会利用碎片时间 ………………………………………………… 139

　　休息好，才能更高效地学习 ……………………………………… 140

第三章　丰富多样的学习方法 ……………………………………… 142

　　费曼学习法（Feynman technique）……………………………… 142

　　西蒙学习法（Simon learning method）………………………… 144

　　交叉学习法 ………………………………………………………… 145

　　思维导图学习法 …………………………………………………… 147

　　SQ3R 阅读法 ……………………………………………………… 149

　　艾宾浩斯遗忘曲线 ………………………………………………… 151

第四章　四种学习思维 ……………………………………………… 153

　　精简思维 …………………………………………………………… 153

　　框架思维 …………………………………………………………… 154

实用主义思维 ·· 154
　　木桶效应思维和边际效应思维 ·· 155
第五章　几个实用的校园学习策略 ··· 156
第六章　坚持与"勤"字诀 ··· 160

社会交往编

第一章　小测试：测测孩子的自信指数 ······································ 163
　　每个孩子都是"小小社会人" ·· 163
　　社交是孩子成长过程中至关重要的一课 ······························ 164
　　社交恐惧 ··· 164
　　社交弱势 ··· 166
第二章　学会共情 ··· 170
　　己所不欲，勿施于人 ··· 171
　　让孩子拥有多种多样的情感体验 ·· 171
第三章　三个简单的社交小秘诀 ·· 172
　　用微笑与赞美拉近距离 ·· 172
　　凭借良好的表达欲，让孩子成为"社交小明星" ·················· 174
　　学会礼让与分享，做一个"谦谦小君子" ··························· 177
第四章　造成孩子社交活动中矛盾和冲突的原因 ························· 179
　　不可控的意外因素 ·· 179
　　歧视与嫉妒 ··· 181
　　暴力倾向 ··· 184
　　家庭因素 ··· 185
作者感言 ·· 187

情绪管理编

面对太阳,阴影将落在你的背后。

——沃尔特·惠特曼

第一章 小测试：测测孩子的自信指数

你了解你的孩子吗？

你的孩子自信吗？

作为家长的你，是否这样问过自己？是否知道切实明确的答案呢？

并非每位家长都能够清晰敏锐地认识到自己的孩子缺乏自信的事实。即使他们有所察觉，也很难准确地描述孩子缺乏自信的程度，从而可能会忽略事情的严重性，未能及时采取有效措施帮助孩子，这就可能会使他们陷入更深层次的困境，最终导致既定目标无法达成，得到不理想的结果。

作为家长的你，若确实存在这种困惑，那么不妨抽出一点点时间，让孩子做一个小测试，看看孩子的自信指数到底是多少。测试只是为了搞清楚孩子当前的真实心理状态，结果并无好坏之分。请务必让你的孩子仔细思考，认真诚恳地作答，回答越真实得到的结论也就越有效，越能得到启发。

自信指数小测试
（请让孩子认真作答，只需回答是或否即可）

1. 你自己决定的事情，总是很难坚持做到最后吗？
2. 你任由父母和老师来支配你的生活吗？
3. 你是否很少向他人表达你的真实想法？
4. 为了不让他人难过，你勉强自己做许多不愿意做的事吗？
5. 你觉得自己比别人差吗？
6. 你经常羡慕他人吗？
7. 当别人批评你时，你是否会觉得难过？

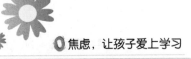

8. 你对自己的外貌不太满意吗?
9. 你是否觉得自己缺乏魅力?
10. 你会为了讨好别人而刻意打扮吗?
11. 你经常等别人先跟你打招呼吗?
12. 你不太懂得与同学或朋友合作吗?
13. 你认为自己在学习上不够聪明吗?
14. 你的学习成绩在班级里排名靠后吗?
15. 考试前,你总是焦虑不安,担心自己考不好吗?
16. 上课时,你突然想上洗手间,但你会忍着不吭声直到下课吗?
17. 在学校活动中,只有你忘记穿校服,你会觉得难堪吗?
18. 当你独自站在舞台/讲台中央,你是否会感到紧张与不知所措?
19. 你的记忆力是不是不太好?
20. 你在公开场合发言时,总是说不出话或说太多话吗?
21. 在学习上,你常常不得要领,效率低下吗?
22. 你不知道该如何实现自己的目标吗?
23. 如果父母/老师/同学伤了你的心,你会因为害怕或者其他原因而选择不告诉对方吗?
24. 你在学习上常常会拖拖拉拉吗?

结　论

好了,测试到此结束。先来数一数孩子的答案里有多少个"是"。

0—4个"是":恭喜你,你的孩子自信心较强,当前心态与情绪状态良好,是一个积极自信的"小明星"。你只需要关注他/她选择"是"的那些问题,参考本书后面介绍的方法,做出针对性的调整与改善即可。

5—7个"是":你的孩子在自信心上似乎受到了一些负面因素的影响。但你不必太过担心,在这个阶段,发现问题本身就是一件值得高兴的事。找到问题,解决它,情况就会迅速好转。

8—10个"是":你的孩子自信心略显不足,也许是因为孩子在成长的过程中所形成的性格缺陷,也许是因为父母、老师在教育方法上出现了问题。无论如何，这都表示作为家长的你需要认真行动起来，去帮助孩子强化自信，改变孩子对自己的负面看法。

10个以上"是"：请注意！你的孩子的自信心严重受创，已经受到负面情绪的控制。他/她正处于难以挣脱的困境，急需家长的帮助。这时，作为家长的你，必须且有责任去帮助孩子重新开始，从头开始改变，彻底抛开那些负面因素和消极情绪，重新构筑自信。请记住，此刻，能帮助你的孩子走出困境的只有你。

各位家长，当孩子做完上面的小测试，当你看到测试结果的时候，你是否会觉得有些茫然不知所措呢？也许你的孩子正受到内在的负面因素的控制，幼小的心灵被困于情绪的深渊中难以挣脱，导致自信心受创。然而，你却似乎茫然不知！又或者，你似乎发现了一些蛛丝马迹，但总是看不真切。

你想要帮助自己的孩子重拾自信吗？你想要帮助自己的孩子走出满是负面因素的困境吗？你想要帮助自己的孩子就此改变，走上正确的道路，去迎接光明的未来吗？你当然想！但由于种种原因，或许你终日苦苦思索却依旧不得其道，或许你正为此痛苦焦虑不知所措。

如果你的孩子缺乏自信，总是被负面情绪影响，就会很容易受到伤害。也许是因为孩子不敢拒绝家长、老师甚至同学的无理要求、情绪暴力而受伤；也许是因为孩子无法做到有效的自我管理，不能设定明确的目标规划而导致学习或其他竞赛上的失败而受伤；也许孩子仅仅是因为不喜欢自己而自暴自弃、自怜自艾；等等。生活在这样一个充满挑战的世界，生活在这样的一个时代，失去自信的人，注定会迎来失败。

小时候的我是一个消极、怯懦的孩子，总觉得自己不如别人优秀，总觉得老师不喜欢自己，总觉得家长会因为我表现不佳而伤心失望。我因为不敢在公共场合大声讲话，于是常常会在大庭广众之下紧张得面红耳赤，学习成绩也一直普普通通、不上不下。后来多亏了我的母亲，在她的帮助下，我成功地摆脱了那个情绪低落、消极负面的自己，成功地从自我设限的困境中走了出来。一直到今天，虽然我依旧会遇见各式各样的挫折与困难，但我依然心存光明，无所畏惧。因为我已然掌握了拥有自信、获得成功的秘诀。

正因为我曾有过相同的处境，所以我非常能够理解消极、怯懦的孩子的处境和内心状态。我会以最简单有效的方式，将帮助孩子摆脱负面情绪、重筑自信的秘诀与方法分享给各位家长，希望能够和各位家长一同帮助到那些急需帮助的孩子。

既然你的处境非你所愿，那么请让我来帮助你，帮助你的孩子。这也是我写这本书的目的。我将会从专业的角度去帮助你分析你的孩子身上可能存在的问题和原因；我将会告诉你自信的孩子的特征，以及重筑自信的秘诀；我将会陪你一起，从情绪管理到目标制定，从学习方法到亲子关系，一步一步地帮助你的孩子完成人生路途上的关键转变。不过，毕竟人生没有快捷键，你必须立刻行动起来，按照本书介绍的方法去做，一步一步，脚踏实地。

　　本书中所写的方法并非能够像变魔术一样瞬间就能解决所有的问题，但这些方法都是经过时间检验的良方。别忘记，再好的方法也需要你亲自去实践，只要你认真运用本书中提到的方法，就一定会有所收获。

　　不要着急，只要一步一个脚印，就一定会有所收获。

　　帮帮你的孩子，帮帮你自己！立刻行动起来，改变，就现在！

第二章　孩子自信的六个特征

我们常常根据孩子在生活中的表现来判断某个孩子是自信还是怯懦。有的人喜欢看孩子的学习成绩,认为学习好的孩子就自信;有的人喜欢看孩子在面对陌生人时的言谈举止,认为落落大方的孩子就自信。但这些表现往往浮于表面,并不能展示出自信的孩子的完整精神面貌。经过多年的观察和研究,我总结出了孩子自信的六个特征。

特征一:自我尊重、自我认同

自信的孩子的首要特征是自我尊重、自我认同,这也是自信的源头和基础。他们能够清晰地认识自己,认识到自己的重要性。他们清晰地知道自己是谁,要做什么,以及如何去做。他们懂得善待自己,从内心接纳自己、喜欢自己。他们不会轻易受到内在的负面因素的影响,他们相信自己有能力把事情做好。

特征二:目标清晰、规划长远

自信的孩子的第二个特征是目标清晰、规划长远。他们往往很有主见,十分清楚自己想要做些什么。他们不会轻易受到外界干扰,坚守自己的想法,并将其变成自己的目标。他们懂得目标之美,知晓如何完成目标的确立、拆解、强化、执行与总结复盘,并将其变成取得个人成就的有力工具。

特征三:擅长表达、行动果敢

自信的孩子的第三个特征是擅长表达、行动果敢。他们不仅很有主见,而且

还勇于担当。他们往往会明确表达自己内心的想法和对事情的独到见解。他们往往一旦决定要做某事就会立即去做，从不瞻前顾后、犹豫不决、刻意拖延。他们拥有主导权，敢于自己做决定，并为自己的行为负责。

特征四：循序渐进、高效有方

自信的孩子的第四个特征是循序渐进、高效有方。他们明白"不积跬步无以至千里，不积小流无以成江海"的道理，从不好高骛远、不切实际。他们懂得"工欲善其事，必先利其器"，懂得"磨刀不误砍柴工"的道理，会主动掌握和利用高效的学习方法，构建出完整的学习体系和规划，科学地安排学习时间，抓住重点复习，从而在一次次考试中所向披靡、战无不胜。

特征五：坚定专注、永不言弃

自信的孩子的第五个特征是坚定专注、永不言弃。他们明白，努力与坚持对于成功有多么重要；他们明白，一万个小时的刻意练习，也许只是刚刚开始。他们明白，锻炼出坚定的意志力，才能让前方路上的艰难不再成为阻碍。他们不做无效的坚持，浪费时间；他们也不会轻言放弃，总是勇敢地迈步向前。

特征六：心态健康、元气满满

自信的孩子的第六个特征是心态健康、元气满满。他们深谙情绪管理，拥有一套积极健康的情绪管理法。他们知道如何利用神奇的正念去自我赋能，让自己时刻保持良好的心态去迎接一次又一次的挑战与考验。前路艰险，那又何妨？当他们找到自我精神与情感的契合点，释放自己的潜能时，他们势必一往无前。

第三章　如何帮助孩子做到有效的情绪管理

情绪管理：构筑自信的第一步

在了解了自信的孩子的六个特征之后，各位家长是否顿时心生向往呢？那么，如何才能正确地培养出自信的孩子呢？首先，让我们看看自信的定义。

自信本身是一种积极性心态，是在自我评价基础上的积极态度，是一种与积极密切相关的事情。作为一种心理学概念，与其最接近的是美国当代著名心理学家阿尔伯特·班杜拉（Albert Bandura）[①]在社会学习理论中提出的"自我效能感"（self-efficacy）的概念，它是指个体对自身成功应付特定情境的能力的估价。自信与否原本是描述人在社会适应中的一种自然心境，即人尝试用自己有限的经验去把握这个陌生世界时的那种忐忑不安的心理过程。我们可以把自信理解成一种有关应付特定情境的能力，是有关情绪管理和自我激励的混合概念，是一种源自成功后的良性情绪反馈。

而在上述自信的孩子的六个特征中，特征一和特征六，即"自我尊重、自我认同"和"心态健康、元气满满"，似乎都与情绪有关。其实，情绪是信心这一整体概念中的一部分，它是信心的生理评价和外在体验。

所以，帮助孩子构筑自信的第一步，就是要做到有效的情绪管理。

情绪是人对事物态度的体验，通常是一种短暂且较为剧烈的生理体验。然而，情绪在某些条件下，也会成为一种微弱、持久，具有沉浸性的心理状态。无论是短暂的应激反应，还是持续性的心态变化，都会在不知不觉中影响孩子的认

[①] 阿尔伯特·班杜拉（Albert Bandura，1925—2021）：新行为主义的主要代表人物之一，社会学习理论的创始人。

知与行为表现。

情绪管理，就是用科学的方法，通过一定的策略和机制，探索、认知、理解情绪，然后对情绪做优化调整，释放积极情绪，控制或疏导负面消极情绪。有效的情绪管理能够帮助孩子做到良好的自我认知，与内在的负面阴影和解，真正做到"尊重自己、认同自己"。

我们都知道，生活中孩子自信的最大敌人是和负面情绪有关的。人类情绪最基本的表现有四种：快乐、愤怒、恐惧和悲哀。除了快乐是积极情绪外，其他三种都是负面情绪。愤怒和悲哀更多是一种既定结果产生的情绪，而恐惧更多出现在事情发生之前。恐惧又会衍生出紧张和畏惧。而这恰恰就是孩子构筑自信的大敌。

所以，接下来，我会主要从如何帮助孩子认识情绪，以及如何帮助孩子战胜紧张、畏惧这两个方面进行更深入的探讨。

认识孩子的小情绪：走进孩子的情绪世界

情绪认知是一种关键的能力，它与自信息息相关。想要培养和构筑孩子的自信，第一步就是要先对孩子的情绪做到有效认知。这既要求家长做到对孩子的情绪进行有效观察，走进孩子的情绪世界，同时也要求孩子能够正确认识自己的情绪，做到坦然面对，有效管理。

孩子的情绪看起来似乎总是变化无常，孩子很少会掩饰自己的情绪，他们总是把喜怒哀乐都写在脸上。但正因如此，只要我们仔细观察，就很容易发现孩子那些隐藏在表象之下的小情绪。

如果你的孩子总是"人来疯"，那么，不妨反省一下自己，是不是作为家长的你对孩子的陪伴不够？也不妨观察一下孩子的社交环境，看看你的孩子是不是被小伙伴冷落、排挤了。

如果你的孩子总是在公共场所（如公交车、电影院等）毫不顾忌地大喊大叫，而且在你的制止之下依然我行我素，那么，请先不要动怒，好好想一想，是不是你从来没有跟孩子认真灌输过有关公共秩序方面的观念？

如果你的孩子总是易怒，且总是喜欢用拳头解决事情，拥有很强的攻击性，那么，请先不要急着批评打骂，也许你的孩子只不过是不善于表达，这时只要稍加妥善引导，也许就能够纠正孩子的行为。

如果你的孩子总是不听话，表现出十分叛逆的状态。那么，请反思一下自己，是不是作为家长的你，总是用"爱"的名义去束缚孩子的生活？是否对孩子有些保护过度？不妨多些包容，少点束缚，给孩子一定的个人空间和自由。

如果你的孩子总是对正式场合和正式挑战（如舞台表演、正式考试等）充满紧张和畏惧，那么，不妨思考一下，孩子究竟是对失败本身介怀，还是畏惧因失败而引发的种种问题，如父母失望、同学嘲讽等，然后对症下药。

总之，孩子的种种行为一定有着更深层次的背后因素。也许，作为家长的你和孩子都还没意识到问题的本质，那么，又何谈去解决问题呢？所以，我们第一步要做的就是认识情绪，找到问题的根源。下面，我将介绍几个认识情绪的方法、工具供各位家长参考。

小游戏：照镜子和自画像

年龄比较小的孩子自我情绪认知能力弱，同时他们也还没有学会隐藏自己的情绪，所以一般来说喜怒哀乐都写在脸上。那么，为了让孩子对情绪有一个清晰的认知，家长可以在孩子有明显情绪的时候，以游戏的方式加强孩子的情绪认知。

照镜子就是一种很好的游戏方式。当孩子情绪低落哭丧着脸时，不妨带他/她去照照镜子，看看镜子里那个"丑"的自己，顺便告诉孩子，这就是悲伤、失落等负面情绪，负面情绪就是让镜子里的自己变"丑"的情绪，是不好的。

除了照镜子外，如果有能力，也可以带孩子画几幅简单的自画像。简单来说，就是让孩子画一幅他/她心目中的自己，然后家长在孩子的画作上添上几笔，将孩子的喜怒哀乐展示出来。这里可以适当地做一些幽默和夸张的描绘。一方面让孩子认知自己的情绪，另一方面又带有亲子互动和轻松幽默的效果。

一般来说，越小的孩子情绪管理能力越差，情绪也就越不稳定。当他们看到镜子中或者自画像中那个"丑丑的自己"，说不定还会被自己"丑"笑了。一方面让孩子清晰认知自己当前的情绪，另一方面又可能会有化忧伤为欢乐的效果。

小工具：情绪标签与情绪手账

上面说到的方法轻松有趣，对于年龄较小的孩子或许比较有效，但对于年龄稍大的孩子来说就会显得有些幼稚了。那么，我们就需要一些更高级的方法和工具来达到我们的目的。这时就不得不提到情绪标签和情绪手账了。

情绪标签（见下表）是一张写着多种多样的情绪，并对这些情绪进行分类和分级的图表。在下面这张表中，我们可以清晰地看到和区分不同情绪的级别和状态。这对于孩子认知自我情绪和家长对孩子情绪状态的定位十分有效。善用情绪标签也可以有效地避免对孩子情绪的错误判断，提高情绪认知的准确性。准确清晰地知道孩子的情绪状态，才能更有针对性地去疏导孩子的情绪。

情绪标签							
情绪级别	幸福	开心	平静	自信	自豪	激动	忧愁
低	甜蜜温馨	怡然自乐	安心舒适	心中有数	称心如意	情不自禁	闷闷不乐
中	满足安逸	舒畅快乐	平和淡然	胸有成竹	志得意满	心潮澎湃	愁眉不展
高	心想事成	欣喜若狂	祥和宁静	胜券在握	踌躇满志	百感交集	忧心如煎
情绪级别	烦躁	苦闷	愤怒	悔恨	愧疚	失落	孤独
低	心绪不宁	怏怏不乐	愤愤不平	自怨惋惜	于心不安	垂头丧气	无聊寂寞
中	坐立不安	郁郁寡欢	怒火中烧	自责懊恼	追悔莫及	沮丧灰心	孤立无援
高	焦灼躁动	郁结沉闷	暴跳如雷	悔恨交加	悔恨交加	萎靡不振	悲惨凄凉
情绪级别	悲伤	紧张	担心	疲惫	憎恨	恐惧	委屈
低	伤感难过	惴惴不安	心事重重	无精打采	咬牙切齿	提心吊胆	有苦难言
中	撕心裂肺	手足无措	提心吊胆	身心憔悴	深恶痛绝	心惊胆战	隐忍难过
高	悲痛欲绝	惊慌失措	牵肠挂肚	精疲力竭	挫骨扬灰	魂不附体	冤天屈地

资料来源：本素材摘自网络，版权属网络作者所有，有改动。

另一个非常实用的情绪管理工具是情绪手账。情绪手账对于培养孩子的情绪认知能力是非常行之有效的。简单地说，就是将孩子的情绪以手账或日记的形式，以既定的频次记录在笔记本上，然后做深度的思考，寻找出产生负面情绪的诱因，促进积极情绪的产生，找出解决负面情绪的办法。

"情绪手账"的使用方法，一共分为四步。

第一步：根据孩子的喜好，精心挑选一个手账本。

假如你家孩子是个男孩，那么他可能会喜欢奥特曼或者火影忍者款式的日记本；假如你家孩子是个女孩，那么准备一本精美可爱的 HelloKitty 手账本或许是个不错的选择。总之，一定要根据孩子的喜好选择手账本，千万不要以家长的喜好或者家长自以为的"无干扰"的标准去挑选手账本，因为如果孩子连手账本本身都不喜欢，就更不会去配合记录情绪了，所以，一定要孩子自己喜欢才行。好了，现在没打开你为孩子精心准备的手账本吧。

第二步：设定记录时间和频次。

家长应该主动观察孩子的情绪变化频率和孩子最放松的时间段，然后，根据孩子的情绪变化频率和情况，设定好记录频次，选择好记录时间。可以是一天一次，也可以是一周一次，这个根据实际情况而定。然后，按照事先选好的时间，让孩子根据上面的情绪标签，将自己当前或一段时间内的情绪状态记录下来（可以根据实际情况选择两到三个情绪标签）。记得在这一步，孩子一定要遵从自己的内心，把真实的情况写下来。这点非常重要，因为如果记录的情绪不真实，一切就都毫无意义了。所以，一开始家长应该做好监督工作，防止孩子填写无效的答案。

第三步：亲子协作，解析情绪。

由于孩子年龄小，经验有限，可能无法独立完成情绪的分析。所以，需要家长帮助孩子一起去思考情绪的来源、诱因，情绪发生时孩子的表现，如何保持积极情绪，以及找到处理负面情绪的方法。但尽可能是家长引导，让孩子充分思考，为以后孩子独立地完成情绪管理做好准备。

做好情绪分析后，将结论写在手账本上，甚至可以将一些思考过程也保留下来。

第四步：温故而知新，做好情绪复盘。

曾子曾经说过"吾日三省吾身"。正所谓，温故而知新。家长要培养孩子经常翻阅情绪手账的好习惯。只有经常回顾查看，才能对之前的分析和结论做到熟记于心，孩子以后遇见同样的问题时，才能从容应对。常翻阅复习，在下一次记录时，对比自己有没有利用好之前的结论，重复上述步骤，在一次次的情绪复盘中，孩子的情绪管理能力就会得到加强。

有效管理：情绪认知是一个持续性动作

亲爱的家长，我先要恭喜你读到了这里。现在的你，应该已经了解到了自信的孩子的六个特征，了解到构筑自信的第一步是情绪管理，而情绪管理又是构建在有效的情绪认知和情绪解析上的。利用照镜子和自画像等小游戏，或情绪标签和情绪手账等小工具，就可以让家长和孩子做到有效的情绪认知。

但作为家长的我们不要忘了，孩子的成长是持续性的。你的孩子每一天都在长大，每时每刻都在接触新的事物，产生新的想法和情绪。所以，孩子的情绪并非一成不变的，而是有一个持续的变化过程。这也就要求情绪认知也必须是持续性的。家长必须时刻留意孩子情绪状态的变化和发展，若是大意疏忽，则难免会有遗漏。然而，这些遗漏如同一些隐形的"地雷"埋在孩子未来的路上，随时都有着被触发"引爆"的可能性，造成我们都不愿意见到的伤害和损失。

所以，恳请各位家长，认真做好对孩子情绪的监控和管理，及时做好情绪复盘。如果发现遗漏，应及时查漏补缺。如果未有遗漏，那就是一次有效的复盘。

相信自己，相信孩子。先学会情绪管理，再学会目标设定。一步一个脚印地去塑造孩子。

相信自己，相信孩子。在每个孩子的心底都有一颗自信的种子，在等待着萌芽，在等待着成长。

努力吧，各位家长！

加油吧，亲爱的孩子！

第四章　自信的天敌：紧张与畏惧

负面情绪：自信的头号大敌

负面情绪是孩子成功路上的拦路石，是孩子自信的头号大敌。

说到负面情绪，我们立刻就能想到"愤怒""悲伤""恐惧"这些令人不快的词语。愤怒会使人行事冲动，失去理智；悲伤会让人精神萎靡，失去动力；恐惧则会令人怯懦不前，丧失斗志。

然而，少不更事的孩子往往难以考虑周全，常常会冲动行事。未经历练的孩子往往情感脆弱，很容易受到伤害，所以哭泣总是伴随着孩子成长。无论是愤怒冲动还是难过悲伤，都长期根植于孩子的"情绪基因"之中，难以被剔除。而且，愤怒和悲伤情绪常常产生在孩子面对失败或者批评等既定结果后，所以具备一种事后属性。

但是，恐惧这种负面情绪有所不同。它具备一种事前属性或者事中属性的特征，往往是在事情发生之前或事情发生时所产生的。例如，有些孩子在考试前就会紧张畏惧、食欲不振、彻夜难眠。又如，孩子独自一人站在舞台中央，看着台下的人群，便会开始紧张。

因为这种事前属性和事中属性的存在，恐惧就成了最容易对孩子造成影响且影响最直接、最大的负面情绪。如果孩子因为恐惧而不敢迈出关键的第一步，那么，自信与成功也就成为无稽之谈。经过观察，我发现恐惧这种负面情绪，一般会表现出的具体情绪形态为紧张和畏惧。

所以，接下来，我会具体谈一谈什么是紧张和畏惧，它们的具体表现和危害是怎样的，以及如何帮助孩子战胜紧张和畏惧。

在这之前,我们先一起看两个案例。

案例1:跳绳比赛

"嘟……"

裁判老师吹响了比赛开始的哨声。

"加油!加油!"

啦啦队热情的呼喊声震天响起。

这里是三林小学年度校园运动会的现场,一场惊心动魄的跳绳比赛正在进行,站在赛场上的选手是四年级一班的王小二和四年级三班的李跳跳。这是一场海选之后的决赛,冠军将会在他们两人之间产生。

场上两位选手挥汗如雨,尽自己最大的努力挥舞着跳绳,双脚巧妙地跨过跳绳与地面的空隙,规律的"啪""啪"声体现出比赛的激烈与精彩。

"李跳跳赢定了,他可是我们学校里跳绳最厉害的人,每年都拿冠军。"

"王小二也不差,居然能打进决赛。我听说他是因为同班的参赛选手受伤而临时顶替参赛的。"

"是啊,我听说王小二以前就没练过跳绳,这次只是临时训练了两三天而已。居然进了决赛,真是不可思议。"

就在两位选手力拼第一的时候,场外观战的众人已经按捺不住激动的心开始预判冠军将会花落谁家了。从他们口中可以得知,原来李跳跳是学校里的"跳绳小能手",几乎每年都拿冠军,而王小二则是一个练习跳绳不足三天的"生手"。

从现场比赛的情况来看,也不难看出这一点。李跳跳那边清脆的"啪""啪"声快速且连续,王小二那边光听绳子落地发出的声音,就能判断出他比李跳跳慢了不止一半,而且还断断续续的,偶尔还会有失误出现。

"李跳跳加油,距离结束还剩30秒,坚持住你就赢了。"

这时,人群中不知道是谁对着赛场内的李跳跳大声喊道。这一声叫喊,瞬间使得原本就激烈的比赛变得更加紧张起来,就连周围一直大喊"加油"的啦啦队队员们也都紧张地停止了呼喊,目光死死地盯着赛场上的两人。

"咦,王小二好像追上来了。"

突然,一个怯生生的声音在人群中小声响起,是一个小女生,她指着赛场中央不太确定地说道。

果然，不知为何，赛场上的形势似乎发生了逆转。比赛一开始就如鱼得水的李跳跳，突然不知怎么的开始频繁出现失误。甚至可以说，他突然就从"跳绳小能手"变成了"失误小能手"，几乎每一次跳跃都会被绳子绊到。此刻，赛场上的李跳跳急得面红耳赤，他握着跳绳的双手不由自主地颤抖起来，他看着周围的人群投来不解的目光，突然有些慌乱，再加上满脑子都是"时间所剩不多了"，他一时间竟然停下了动作，看着对面努力跳动着的对手王小二，他满脸的惶恐与不知所措。

与李跳跳不同的是，另一边的王小二，仿佛根本就没有听到场外那些闲言碎语，也没有看到自己的对手，无论对手是超常发挥还是频繁失误。此刻，王小二的心中只有一个念头，那就是无论如何自己都要拼尽全力，直到比赛结束的那一刻。此刻，在他的眼中，只有地面、跳绳以及自己的双脚。一下，两下，三下……王小二就这么不紧不慢地、一丝不苟地跳着。

"嘟……"

裁判老师吹响了比赛结束的哨声。

热闹的赛场此刻一片寂静，因为裁判老师宣布了冠军的名字——四年级一班王小二！

王小二满脸笑容地擦了擦脸上的汗水，突然全场的欢呼声打破了寂静。

李跳跳则一脸失落地站在一旁，脸色苍白，浑身颤抖，他把头埋得低低的。

看完了这个案例，你是否觉得场面似曾相识却又难以置信呢？我们身边从来都不会缺少类似的案例。也许同样是一场激烈的体育竞赛，众望所归的运动健将被名不见经传的无名小卒所击败。又或许是一场至关重要的考试，大家公认的学霸却突然发挥失常，结果令人大跌眼镜。现实生活中这样的案例比比皆是。

你的孩子是否就是现实版的李跳跳呢？也许你常常无法理解，明明你的孩子比别人优秀，却总是莫名其妙地输；明明你的孩子准备得妥妥当当，却依然发挥失常。那么，这到底是什么原因呢？如果只是在一场小小的比赛中失利，我们还能够亡羊补牢。但如果这是一场将会决定孩子未来走向的升学考试，可能连弥补的机会都没有了。此刻，你是否察觉到事情的严重性了呢？

那么，究竟是什么原因让李跳跳输掉了原本看起来稳赢的比赛呢？答案显然就是紧张。案例1中，李跳跳在实力上原本是可以战胜对手的，但当他听到比赛所剩时间不多了的时候，突然就紧张了。也许，开始时他想的是要在剩下的30秒中发挥出更强的实力，以绝对的优势获得胜利。但比赛节奏突然被打乱，让实力强劲的他出现了失误，而他显然并没有应对这种情形的经验。就这样，一次小小的失误成了紧张情绪的诱因。于是，在紧张情绪的干扰下，失误越来越多，李跳跳也就越来越紧张。再加上在"时间所剩不多""对手发挥稳定""担心自己会输"等诸多念头的影响下，他的比赛节奏完全被打乱，情绪开始不受控制，导致身体也不受控制，整个人都崩溃了。至此，结局自然不用多说，必然是惨败。

反观王小二，虽然自身实力一般，但对自己的能力有着十分清晰的认知。他在保证自己实力正常发挥的同时，完全屏蔽了外界的干扰，从而做到一心一意坚定地朝着目标（比赛结束的哨声）努力着。

于是，一个紧张慌乱，发挥失常；一个坚定专注，发挥稳定。输赢也就没有了悬念。

我们再看看另一个案例。

案例2："可怕的讲台"

张熠熠和林小萌是同班同学，私下里两人也是很要好的朋友。这一次，他们俩作为学生代表，都被邀请参加学期末的家长会，两人会当着众多家长的面，各自背诵《论语》的部分篇章，以此展示学习成果。

由于两人都是第一次作为学生代表上台，所以在家长会前的几天里，林妈妈和张妈妈都帮自己的孩子做了充分的练习和准备。

每天早、中、晚，张妈妈都会抽出时间让张熠熠在纸上默写《论语》的经典篇目。例如"学而不思则罔，思而不学则殆"等。不仅如此，张妈妈还千叮咛万嘱咐地告诉张熠熠上台背诵时要用的语调和语速，以及多次和张熠熠说"一定不能让妈妈失望"这样的话。

而林妈妈的方法则简单很多，在家长会前几天，她会不定时间不分场合地突然询问林小萌有关她要背诵的篇目。有时是吃饭的时候突然问，有时是在家中其他长辈或其他朋友在场的时候让林小萌背诵一番。经过时不时地突然袭击，林小萌似乎都有免疫力了，可以在任何时间、任何场合回答妈妈的问题。

几天后，学校的家长会如约而至。张妈妈和林妈妈也带着自己的孩子来到了家长会现场。想到自己的孩子马上就要上台表演，两位妈妈心里都有些紧张，但也难掩兴奋。

老师叫林小萌和张熠熠提前去台前准备。

去之前，张妈妈还是千叮咛万嘱咐，来来回回都是"不要让妈妈失望"那些话。但张妈妈看着一脸紧张的张熠熠，心里莫名有些忐忑不安。

而林妈妈则是笑着对林小萌说："不要怕，就算忘了念不出也没关系，妈妈就在这里坐着为你加油，我家萌萌最棒了。"看着妈妈温暖的笑容，林小萌觉得心中充满了安全感。

"接下来，我们有请学生代表林小萌和张熠熠为我们带来学业展示表演。"

老师的声音响起，全场家长爆发出热烈的掌声。

林小萌在张熠熠的推辞下，第一个走上了讲台。她看着台下坐着的家长们，看着那一双双注视着自己的眼睛，心里难免有些紧张。她深深地吸了一口气，向着人群中妈妈所在的位置望去。她看到人群中的妈妈露出了温暖的笑容，并做出了一个鼓励的动作。她也微笑着做出了一个加油的动作回应，看得在场的家长们纷纷露出了轻松的笑容。

林小萌抬起头，自信满满地朗诵道："子曰：'学而时习之，不亦说乎？'"然后看了看在场的同学们继续朗诵道："有朋自远方来，不亦乐乎？……"

掌声雷动。

"感谢林小萌同学的精彩表演，接下来我们有请张熠熠同学上台为我们做学业展示。"

老师满意地看着走下台去的林小萌，对台下的张熠熠做出了邀请。

"张熠熠！"

"张熠熠，轮到你了。"

老师连续叫了两声，张熠熠才如梦初醒般地，慢吞吞地走上了讲台。安静的教室，一双双眼睛的注视，让张熠熠感到手足无措。

"张熠熠同学，你可以开始你的学业展示表演了。"

看到张熠熠脸色苍白地站在那里，似乎有些不知所措，老师善意提醒道。可张熠熠似乎没听到一样，依然一声不吭。

此刻的张熠熠，大脑一片混乱。他只感觉到自己的心脏扑通扑通地越跳越快，双腿也不由自主地颤抖起来。他艰难地抬起头，想要从台下妈妈那里得到些鼓励，可当他看到妈妈一脸的不解和尴尬的表情，他彻底懵了。他感觉脸上一阵发麻，就连嘴巴也不听使唤了，就那么站在那里，一动也不动，像一只惊慌失措的小鹿，不知道该逃往何处。

在案例2中，张熠熠是经过了提前练习和"充分"准备的，甚至都可以达到背诵默写的程度了，但为什么上了台就不能正常发挥呢？答案是因为紧张和畏惧。张熠熠的训练，都是在和张妈妈两个人的私密环境中进行的。而且在这件事上，张妈妈对张熠熠抱有过高的期望，无形中给张熠熠造成了无法承受的心理压力。活动现场众多家长的表现也给未经历过大场面的张熠熠带来了前所未有的紧张感，而害怕表现不佳让妈妈伤心失望的自我心里暗示，又使得张熠熠对那个未知的讲台充满了畏惧。

就这样，案例2中的张熠熠被击溃了。在我们的生活中，有着无数的"张妈妈"和"张熠熠"。家长们常常会问我，明明自己和孩子都付出了许多努力，只要按照平时练习的那样去做就没有问题，但为何一到正式场合，孩子就做不到了呢？

这一切的罪魁祸首就是紧张和畏惧。

没有人能做到不紧张

紧张是人们在面对外来刺激时的一种自然心理和生理反应，是一种正常的情绪表现，具有暂时性和突发性的特征。而随着程度的加深，这种被激化的普通情绪就会变成恐惧。

其实，在大多数情况下，就是紧张和畏惧导致孩子在正式场合变得混乱慌张，在关键时刻发挥失常，从而造成意料之外的失败和损失。

各位家长，不妨仔细想一想。

你的孩子是否也曾有过像案例2中张熠熠那样紧张到面色苍白、口不能言的表现？你的孩子是否也曾有过像案例1中李跳跳那样的紧张，导致原本优秀的实力甚至无法发挥出十之一二的水平？我想答案应该是多多少少都会有的，顶多就是没有案例中那么夸张罢了。

紧张和畏惧随处可见，且无法消除。是的，你没有听错。如果你想要通过一些手段和方法彻底消除孩子的紧张情绪，那么我只能对你说抱歉，因为紧张情绪是无法做到被彻底消除和绝对控制的。

日本心理训练师森川阳太郎①在他的书中提道："紧张是一种情绪，而情绪的流露是不受人的意志控制的。无论是怎样的情绪，只要已经涌现出来，就无法依靠自己的力量消除，也无法用其他的情绪覆盖。"

没错，紧张是一种生理和心理对于外界刺激的应激反应，是无法做到有效控制的。当我们在面临危险或突发情况时，我们会不自觉地进入紧张状态，随之而来的则是一系列不受控制的生理反应，例如，肌肉僵直、心跳加速、呼吸急促、血压升高等。而这些反应和症状都是无法通过常规手段控制的。

因此，没有任何人能够做到绝对的不紧张。就连世界冠军都会紧张，更何况是天真可爱的孩子们，他们每时每刻都在受到那些他们不曾见过的新鲜事物的影响。所以，孩子们会在正式场合慌乱，在遇到突发情况时紧张，再正常不过了。

当然，这并不代表我们在面对孩子的紧张情绪时全然无能为力。反而，我想要告诉你的是，通过科学训练，孩子们能够达到一种"即使紧张也能做好事"的良性状态。我们不要总想着去消除紧张或者压制紧张，我们要学会和紧张相处，适应紧张，甚至是利用紧张。

所以，战胜紧张和畏惧的第一步是正视和接受它们的存在，第二步则是要找出造成孩子紧张和畏惧的原因究竟是什么。我们只有找到它，才能有效地战胜紧张和畏惧。

各位家长，不妨再仔细想一想。案例1中李跳跳的失误，真的只是因为周围人群的一句"时间还剩30秒"吗？案例2中张熠熠的崩溃，真的只是因为不曾经历这么多人的正式场合吗？是，但也不全是。

心理学家认为，紧张和畏惧是企图摆脱、逃避某种危险情景所产生的体验。引起紧张和畏惧的重要原因，是缺乏处理可怕情景的能力或手段。没错，李跳跳正是担心害怕自己会输，从而失去"跳绳小能手"的光环，导致心态失衡。张熠熠的崩溃一方面则是被人多的大场面所惊吓到，另一方面又未尝不是害怕让妈妈失望所致。

反之，为何案例1中的王小二能在相同的环境中，以绝对的劣势反败为胜呢？为何案例2中的林小萌能够超常发挥呢？

---

① 森川阳太郎：日本著名心理训练师，代表作《如何培养不怯场的孩子》。

王小二的获胜凭借的是专注和坚强的意志力，他对自身实力有着清晰的认知，甚至可能对比赛所能发生的最坏结果也早有预判和准备。林小萌则是凭借日常训练提升了对紧张情绪的适应性，情绪敏感度也得以提升。再加上林妈妈和她私下约定的"情绪开关"，还记得案例2中林妈妈那个鼓励的微笑和小手势吗？一个好的"情绪开关"能够在关键时刻起到意想不到的作用。

　　情绪无法消除和覆盖，但意志力和情绪敏感度却可以通过科学的训练得到提升。诸如"情绪开关""情绪手账"等工具和方法，能有效地帮助孩子更加坦然地面对紧张和畏惧。

　　下面，我会将正负心理学、神奇的正念、行为疗法、勇气榜样等工具和方法交给你，在帮助孩子战胜紧张和畏惧方面助你一臂之力。

第五章　情绪免疫：巧用负面情绪

在本书前面部分，我将情绪划分为积极情绪和负面情绪。为什么我用的是"积极"和"负面"这样的词，而不是用"好"和"坏"来描述情绪呢？

在我看来，情绪只是人们对外界刺激的一种自然反应，并不存在好坏之分。我们可以试想，假如人类没有了紧张和畏惧情绪，人类将会变成什么样子？世界将会变成什么样子？假如人类失去了悲伤和愤怒情绪，我们的生活又会变成什么样子？恐怕没有人会希望这样的情况发生吧。

既然如此，情绪不分好坏这件事就不难理解了。既然负面情绪在我们的生活中无处不在，且又扮演着不可或缺的重要角色，那我们能否让负面情绪为我们所用呢？答案是肯定的，负面情绪可以利用，而且还很有用。当然，在利用负面情绪之前，我们首先要能够正视负面情绪。

避免盲目乐观，随时做好迎接失败的准备

你失败过吗？你害怕失败吗？面对失败，你选择逃避还是直面呢？

在我们的生活中，有很多自称"专家"的人，总是在鼓吹正能量，鼓吹乐观的力量，仿佛只要积极乐观，就可以无视失败，获得成功似的。这种避开失败谈成功的"专家"和"理论"，我建议大家能躲多远就躲多远，否则必会深受其害。

"不经历风雨，怎么见彩虹，没有人能随随便便成功。"一个人的一生不可能是"0 失败"的一生。不曾经历过无数失败的洗礼，就无法成为光芒耀眼的成功人士。既然如此，又怎么能够对失败避之不谈，甚至逃避呢？

这个世界上充满了各式各样的意外，即使你再优秀，也不能盲目乐观，忽略

失败的可能。盲目乐观并不是自信，而是一种病态的表现。如果你和孩子都盲目乐观，沉浸在永远不会失败的美妙幻想之中，那么，当现实来临的那一刻，往往会受到数倍的伤害。

当然，有的人并非盲目乐观，他们只是不愿意接受失败，从而选择短暂的自我蒙蔽罢了。俗话说怕什么来什么。当你越是惧怕逃避，就越是会给自己一些相关的心理暗示，从而向着自己最不愿意面对的结果走去。

所以，与其盲目乐观，最后受到更为残酷的伤害；与其畏惧逃避，随时可能被突如其来的失败打击得体无完肤、丧失信心。不如从现在开始就摆正心态，正视失败的可能性。学会接受失败，是成功路上不可或缺的重要一课。

失败没什么大不了，它是成功路上的铺路石。

我希望家长们能够给自己的孩子传达一个正面的理念，那就是失败并不可怕，它并非洪水猛兽般的存在。俗话说失败是成功之母，只要能在失败中汲取经验和教训，改善并调整出现问题的行为策略，那么，失败就没什么大不了的。

想要战胜失败，首先要学着正视失败，接受失败的可能性。请记住，失败并不是带刺的恐惧，失败是成功之花的养料。

情绪免疫，给情绪打一剂"预防针"

在一次疫苗接种过程中，一位同行的老师问我能不能制造"情绪疫苗"，给孩子们接种后，他们就能够获得关于心态、情绪和应对失败等方面的预防保护和免疫效果？这种天马行空的想法，让我瞬间陷入了思考。是啊，我们能否发明一种"情绪疫苗"呢？

既然说到疫苗，那我们先来看看什么是疫苗。简单来说，疫苗就是将病原微生物（如细菌、病毒等）及其代谢产物，通过人工减毒、灭活等方法制成的用于预防传染病的自动免疫制剂。通过疫苗诱导产生人体免疫效果，从而实现人工免疫的保护作用。

疫苗免疫效应概念的核心因素有三个：病原微生物、科学的人工处理方法、诱导产生免疫效果。那么，如果我们想要打造一支"情绪疫苗"，是不是也同样需要拥有这三大核心因素呢？

让我们将这三大核心因素一个个拆开来看。

首先是病原微生物，简单理解就是病毒本身。那么，对应到我们的"情绪疫苗"来说，就是失败和负面情绪。然而，如何将这些对我们具有伤害性的失败和负面情绪转变成对我们有益的情绪"疫苗"，就需要科学的人工处理方法。其核心就是三个关键词："预判最差结果""穷举法""失败模拟训练"。

预判：一种有关逻辑思维与有效控制的能力

本书前面提到没有人能够绝对做到不紧张，因为没有人不害怕失败以及失败所带来的负面效应。但是，如果我们可以对事情进行科学预判，分析事情的未来走向和可能出现的意外情况，那么，我们就可以在一定程度上避免失败结果的出现。做好预判，哪怕最终依然出现了失败的结果，我们也会因为已经做好了相应的准备而让"不受控制的坏情绪和行为"出现的概率极大地降低。

预判，顾名思义就是预先判断，这是一种有关逻辑思维和有效控制的能力。培养孩子的预判能力，不仅能够帮助他们有效应对负面情绪，更重要的是能够磨炼孩子的逻辑思维能力，培养孩子胆大心细的特质。

不懂预判的人生，充斥着大量的盲目与不确定，而这些恰恰是导致失败的常见因素。如果我们做事总是毫无准备，缺乏应对突发情况的能力。当意外发生、逆境出现时，我们就会立刻败下阵来。所以，当你的孩子学会了预判就等同拥有了对抗负面情绪的基础。

预判最差的结果，坦然地做好准备

日本心理训练师森川阳太郎认为，能预想到最差的结果，就能不怯场。他建议家长们通过"情绪日记"等形式，掌握孩子在什么样的情况下容易出现什么样的情绪，并将应对这些情绪的方法一点儿一点儿地教授给孩子。认知行为心理学家唐纳德·梅肯鲍姆（Donald Meichenbaum）[①] 提出的"认知行为矫正技术"中也提到过相似的观点。

我即将要讲的预判最差的结果的方法，和两位心理学家的理念不谋而合。假设在事情开始之前，孩子就能够凭借自身或者在父母的帮助下，对事情发展中可能会出现的困难和挫折有所预判，那么，孩子和父母就能够针对可能出现的问题

---

① 唐纳德·梅肯鲍姆（Donald Meichenbaum）：认知行为学家，提出了认知行为矫正技术。

做出充分的应对预案，对可能会出现的失败结果做好心理准备。

让我们来做这样一个假设。假设男孩即将参加一场足球比赛。当男孩处于不同情景下，他会获得截然不同的结果。

情景1：盲目自大，遇强即败

男孩对自己的实力盲目自大，认为自己在比赛中一定能够轻松取胜。于是他在赛前表现得自信满满，甚至，他觉得自己根本不需要赛前训练，至于对手是强是弱他根本没有关注过。

结果呢？男孩这种盲目自大对比赛来说是毫无意义的，一旦他遇到实力强劲的对手，这种毫无根据的虚假自信就会马上被拆穿，强大的对手会让他产生一种无法抗衡的认输心态，所谓的"自信满满"也就成了笑话。就算是遇见比自己弱的对手，也有可能会因为自大而被准备充分的对手逆袭。

情景2："佛系玩家"，顺境强，逆境弱！

男孩非常"佛系"，凡事讲究顺其自然。一方面，他既不担心自己会输，好像对自己的实力有着一定的信心；另一方面，他似乎也不去加强训练，从而让自己拥有更好的状态去迎接比赛。总之，他总是摆出一副无所谓的样子，逢人便说"没事儿"！

结果呢？我猜可能会出现两种截然不同的情况。

（1）如果男孩运气不错，遇见了较弱的对手，或者是实力相当的对手，那么比赛大概率会顺利开展，男孩获胜的可能性也很高，甚至可能会超常发挥而获胜。男孩会更加坚信顺其自然的力量。

（2）如果男孩运气不佳，遇见了很强的对手。那么，在这种逆境中的比赛会随着时间的推移一点一点地将男孩的信心消磨掉，越来越多的困难和打击会衍生出各种各样的负面情绪，男孩会逐渐开始自我怀疑，随后陷入失落和绝望中，一步步走向失败。

情景3：充分准备，多项预案；胜不骄，败不馁！

比赛前男孩和队友们做了充分的加强训练，做出了多种战术准备。在赛前，他对赛场上可能出现的对己方不利的因素一一提出，然后有针对性地做出预案。他不仅针对对手的实力强弱和战术习惯进行了充分分析，而且对比赛当天草皮的湿滑度、阳光和风向等因素都做了充分的预判。

结果呢？如果幸运地遇到顺境，预判的诸多不利因素都未曾出现，那么，男孩就会因为自己的幸运而对比赛结果充满信心。如果他不是那么幸运，逆境出现了，那么，男孩会感谢自己在赛前做的充分准备，立刻采取应对不利因素的战术，立刻意识到可能出现的负面情绪，在受到情绪伤害前就主动调整心态，保证在自己和队友稳定发挥的情况下完成比赛。

无论结果是输是赢，男孩都会坦然面对。胜不骄，败不馁。胜则庆祝，再接再厉；败则反思改善，让自己在未来的比赛中能够更加从容地面对。

不懂预判的孩子，也许能够在顺境中正常发挥，但这种"正常"是极为脆弱和不稳定的，一旦遇到逆境，就会被迅速击垮而惨败收场。

懂得预判的孩子，不仅能够在顺境中正常发挥，在逆境中依然能够从容面对，甚至还有机会逆转局势，反败为胜。就算失败了，也绝不会是惨败，反而能够汲取经验教训，越战越强。

你若要问，难道只要做到预判就能够不紧张、不畏惧了吗？当然不是。事实是，没有任何人能做到绝对的不紧张，就连世界冠军在面对正式比赛时也一样会紧张。难道他们做的准备、受过的训练不比普通人更多吗？也许你会有疑问，既然还是会紧张，那为什么做好预判能够让情况变得更好呢？答案就是：做好充分预判和准备的人，即使在紧张的情况下也能够把事情做好。

答案是否让你觉得有些不可思议呢？带着疑问和好奇，让我们一起慢慢揭开谜底。

穷举法与失败模拟训练

紧张和畏惧之所以能够将孩子的行为引诱到更加糟糕的境地，是我们对负面情绪的思维定式和厌恶本能所导致的。

大多数人从孩童时起，多多少少都曾有过被失败等负面结果产生的一些不受控制的负面情绪所伤害的经历。肌肉紧张、血压升高、心跳加速、大脑一片空白等负面应激反应深深地扎根在我们的身体和记忆中，从而让我们产生对失败、负面情绪的一种源自本能的厌恶和抗拒。

这种厌恶本能的出现，反过来又会使我们在面对负面情境时，不由自主地产生更多不受控制的畏惧和紧张，再次导致出现更加严重的负面结果。久而久之，

这种负面的应激反应就会被加深，导致我们更难摆脱畏惧和紧张。

既然如此，如果我们想要通过一些手段和方法去改变这种负面的应激反应，就需要摆脱思维定式的限制，克服厌恶本能。因此，我们需要失败模拟训练，通过一次又一次对负面应激反应的模拟，让孩子的情绪敏感度能够得到加强；让孩子在感受负面情绪时能够做到有效控制；让孩子在面对负面情境时避免被瞬间击溃，能够给自己一点鼓励，让自己坚持努力不放弃。

那么，失败模拟训练到底是怎么回事呢？

众所周知，已经产生的失败是一种事实上的结果，具有不可避免性和较大的伤害性。即使我们努力调整心态，汲取教训，也无法改变既定失败的事实。我们不可能总是在真实的失败中成长，这种代价未免有些过高。

这时就轮到我们的失败模拟训练登场了。它不仅能拥有与真实失败训练相近的效果，还能够做到某种意义上的"零成本"。

从字面意思来看，失败模拟训练是一种人为制造的虚拟失败情景。虽然是虚拟的，但它并非随意的胡编乱造、天马行空的假想，反而它更像是一种严密的数学推导，是利用预判，根据真实的情况做出的科学模拟。

就像我在本书前面提到的假设案例一样。当男孩在情景3中预判了每一种可能出现在比赛现场的负面情境，以及这些负面情境可能导致的负面情绪和失败结果，在赛前对这些可能会出现的种种问题进行针对性的准备和模拟训练，并找到了一一应对的方法，那么，即使他在真实的赛场因遇见负面情境而感到紧张，但这种紧张也会有个限度。只要按原计划行动，就不会造成慌乱和不知所措。

在这里，我要单独提一个情绪管理小工具——"情绪开关"。

这里所说的"情绪开关"，是指父母和孩子在平时的模拟训练中约定俗成的一些暗示方法。通常是一些隐秘性较强的表情和动作。"情绪开关"可以用在挑战正式开始之前，能够起到自我安抚和自我提醒的作用，让孩子在挑战前快速回忆起平日里的训练成果。"情绪开关"也可以在负面情绪出现时使用，能够快速提醒孩子摆脱情绪的控制，意识到情绪已经产生，快速回忆解决方案，从而实现有效的情绪管理。

因此，在失败模拟训练开始之前，不妨先给孩子设置一个"情绪开关"吧。

在家长的帮助下，让孩子接受失败模拟训练，是一种有效应对未来可能出现的负面情境，以及战胜紧张和畏惧等负面情绪的方法。

亲子协作，"穷举"未来

做预判不难，但做到充分有效地预判并不容易。我们也许能够轻易预判一种负面情境，但很难做到面面俱到。失败模拟训练要求我们做出尽可能多的负面情境的预判，因为如果预判不够充分全面，就可能出现事实与预判不符的情境，我们的一切准备都可能会付诸东流，再次陷入不受控的状态中。想要预判充分且全面，这就有着不小的难度，因为没有人能够算无遗漏。成年人尚且如此，更不用说心智还稚嫩的孩子了。

你可能会质疑我，既然无法完成，那说那么多干吗？别急，我们很难对一个拥有复杂阅历的陌生人，甚至自己做到算无遗漏，但不代表我们对自己的孩子做不到。

毋庸置疑，家长是这个世界上最了解自己孩子的人，有些家长甚至比了解自己更了解自己的孩子。况且，孩子本身也几乎不可能拥有多重性格，只要家长做好日常观察和记录，例如利用前面提到过的"情绪手账"，记录下自己的孩子的情绪特征、弱点和负面诱因，记录下孩子不同情绪时的生理和心理的外在行为表现，就完全可以帮助自己的孩子完成失败模拟训练。

在这里，我要提醒各位家长的是，培养孩子的预判能力固然重要，但并不意味着要将预判这件事全部交给孩子去独立完成。因为年龄上的不成熟和经验、阅历的不足，孩子能够做到的预判十分有限。他们急需家长的帮助，家长在这件事上能够起到极为有效的补充作用。

在家长的帮助下，孩子可以做到穷举的预判效果。"穷举法"的目的就是要彻底消灭意料之外的存在。预判越充分，准备就越充分，出现意外的可能性就会越小，对事情结果的走向以及掌控也就越有利。

建议在每一次正式挑战来临之前，各位家长可以和自己的孩子去开展一次酣畅淋漓的"亲子头脑风暴"，尽可能穷举一切不利情境和负面因素。

SWOT 分析法 + Conflicting Self 模型

利用"穷举法"的确可以做到消灭"意料之外"。但在日常生活中，由于受到逻辑方法和经验、阅历的限制，我们很难做到比较优质地有效穷举。不过，虽然无法做到百分百算无遗漏，但通过一些方法，我们还是能够将效果提到最优。

我这就分享一个简单的方法来帮助各位家长和孩子做到有效穷举。

在这之前，我要先跟大家解释 SWOT 分析法和博弈论中的 Conflicting Self 模型。当然，如果你很熟悉这两个概念，那么可以直接跳过这一部分内容；如果你还不太了解，那么请让我简单介绍一下它们吧。

SWOT：S（strengths）即优势，W（weaknesses）即劣势，O（opportunities）即机遇，T（threats）即威胁。SWOT 是基于内外部竞争环境和竞争条件下的态势分析。见下图。

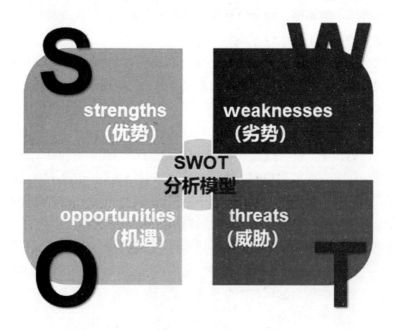

博弈论又称为对策论（game theory）、赛局理论等，主要研究有关个体的预测行为和实际行为，并研究它们的优化策略。博弈论中有一个 Conflicting Self 模型，它是一个动态博弈模型，有两个参与者，即"现在的我"和"未来的我"，通过分析这两个"我"之间的利益冲突，可以寻求一种最优策略。

这里我提到的方法就是将 SWOT 分析与 Conflicting Self 模型相结合使用的一种方法，下面我简单介绍一下它是如何运作的。

第一步，利用 SWOT 分析法，分析挑战和目的，以及个人在挑战中的优势、劣势、机遇和威胁分别是什么。

例如，孩子马上就要迎来一场学业考试。那么，这场考试就是当前的挑战，得到好成绩就是这场挑战的目的。孩子平时成绩是否优秀，准备是否充分，心态管理如何，考试当天可能会出现什么意外（例如忘记带准考证、笔等）等都是我们需要分析的方面。大致情况可以参考下表内容。

一场学业考试			
S（优势）	W（劣势）	O（机遇）	T（威胁）
孩子平时学习成绩优秀	孩子平时学习成绩较差	考试内容正好是孩子会的	考试当天，身体不适
孩子努力复习，查漏补缺	孩子放弃复习		考试当天，忘记带准考证和文具
孩子恶补知识点，临阵磨枪	孩子成绩差	孩子休息充分，考试当天状态良好	考试时可能会想要作弊
孩子日常心态较好，不害怕紧张	孩子心态较差，容易紧张		考试前夜失眠

第二步，利用 Conflicting Self 模型，提前规避可以规避的意外。

在 Conflicting Self 模型中，"现在的我"和"未来的我"会有利益冲突。那么，当利用 SWOT 分析出未来可能存在的问题，就可以让"现在的我"做出正确的决策去避免未来出现的问题。利用 SWOT 分析法进行逻辑分析和梳理，再利用 Conflicting Self 模型可以进行有效规避，这样就可以达到有效穷举的目的。

例如，面对上面 SWOT 分析中的威胁，我们可以提前计划饮食，避免暴饮暴食导致的身体不适；提前多次检查准考证、文具等，避免出现遗漏等问题；考试前夜，可以适当食用香蕉、牛奶等可以缓解压力的食物，注意作息，以免失眠；对于可能出现的作弊诱惑和威胁，我们可以提前跟孩子做好心理建设工作，告诉孩子作弊可能会导致的严重后果，这样就可以让孩子有效避免"未来的我"犯错误，从而导致失败，甚至更严重的后果。

当然，也许我上面的举例不够完善，你把它当作一个简单的展示或参考就好。关键是你可以根据我展示的这种方法，抽出时间和孩子一同试一试，或许能帮助你和你的孩子找到适合亲子协作的有效穷举方法。

这种方法也许并不适合所有人，但它能够展示一个分析的方向供你参考。全面、有逻辑且合理的穷举非常考验家长和孩子的思维能力和协作性，但请一定不要怕麻烦，一定要努力去做，因为真的很有效。

"情绪疫苗"＝预判最差的结果＋穷举法＋失败模拟训练

培养并利用预判的能力，通过亲子协作，充分穷举负面可能性，多次进行失败模拟训练，才能够达到"情绪疫苗"对负面情绪的免疫效果。

但请记住，我们倡导科学有效地利用负能量，但是反对过分利用负能量。过多地强调失败，可能会对心智建设不完善的孩子造成一定的负面心理暗示，会有一些不利的影响。所以，一定要在家长的引导下，搭配正能量，科学地利用负能量。

第六章　善用正能量

积极心理学与观想成功法

前面讲到了如何巧用负能量，把坏事变好事的一些方法与技巧。现在，我要跟各位家长讲讲如何善用正能量，让好事变得更好。在这之前，需要先谈到一个概念——积极心理学。

积极心理学是心理学领域的一场革命，由美国心理学会主席马丁·塞利格曼（Martin E. P. Seligman）①和美国心理学家米哈里·奇特森特（Mihaly Csikzentmihalyi）②在21世纪初提出。我们可以将它理解成一种基于积极人格特质理论研究幸福的心理学流派。

塞利格曼认为，积极心理学的基础是塑造积极的人格品质。积极心理学需要培养和造就健康人格。健康人格优势会渗透在人的整个生活空间之中，从而产生长期的影响。通过对个体的各种现实能力和潜在能力加以训练和强化，使其成为一种习惯，积极人格也就形成了。另外，积极人格有助于个体采取更有效的应对策略。

从我们一直谈论的亲子教育的角度来说，就是当我们培养出一个具有积极人格的孩子，他/她本身就能够对负面情绪和负面结果拥有一定程度的免疫和抗性，而且能够以一种更加积极的心态去看待事情本身的发展，从而向着好的方向前行。这也从科学的角度证明了塑造孩子的自信的重要性，因为自信是积极人格中的重要组成部分。

---

① 马丁·塞利格曼（Martin E. P. Seligman，1942—　）：美国心理学家，曾获美国应用与预防心理学会荣誉奖章、终身成就奖，1998年当选为美国心理学会主席。
② 米哈里·奇特森特（Mihaly Csikzentmihalyi）：美国著名心理学家。

观想成功法通常也被称作观想暗示法或成功预演法。作为积极心理学中的一个方法论，相比于失败模拟训练，它更像是硬币的正面。观想成功法同样也是以内模拟的规律为依据，运用冥想等方式在脑海中描绘出已经达成目标与获得成功的情景，从而对潜意识进行积极的暗示，替换或改善负面思维，改写自我心像，树立成功信念，促进正面结果的显化，达到事半功倍的效果。

观想成功法这种心理暗示法究竟是如何起作用的呢？我用个简单的例子来说明。

我们都知道，很多小孩子都害怕毛毛虫，有些小孩子见到毛毛虫后，可能会立刻被吓得跳起来，或者哭泣逃走。但当家长不断地重复告诉孩子，毛毛虫并不可怕，只要不去触碰它，就不会受到伤害。而且孩子也一直在内心告诉自己毛毛虫不会伤害自己的事实。那么，当这个孩子再见到毛毛虫时，他/她或许同样会产生害怕的情绪，但一定要比其他的孩子显得镇定一些。因为家长不断地告诫，孩子形成了一种"毛毛虫不可怕"的心理暗示，使得孩子的恐惧情绪被减弱了。

这就是心理暗示的作用，只不过我们所讲的观想成功法将暗示内容变成"我会成功"和"我成功时的样子"，也有在某种程度上降低负面情绪的干扰效果。

当然，观想成功法的心理暗示要有理有据才行，否则就会变成虚幻的海市蜃楼，搞不好还会因此受到伤害。试想，如果上面例子中的孩子不曾告诫自己不要触碰毛毛虫，那么，当他认为毛毛虫无害的时候，很可能就会通过触摸它来证明自己的勇气，可能就会受到实质的伤害了。

简单来讲，观想成功法就是一种利用正向的自我暗示消除或减弱负面情绪的影响，树立必胜信念，促使积极行动的方法。一直以来，观想成功法都是各路"鸡汤大师"的制胜法宝和座上宾，频繁出现在一些有关成功学的书和讲座上，被包装成了一种"灵丹妙药"。

我认为，观想成功法对实现成功而言，只能起到一种锦上添花的作用。盲目乐观对事情的结果并不能起到正面的影响。观想成功法利用不当很可能会导致盲目乐观、自大。相比于务实的失败模拟训练，它只是一种虚幻的乐观，在顺境中可能会起到积极的效果，一旦遇到困境立刻就会失去"灵丹妙药"的光环。

那么，被众多"鸡汤大师"奉为至宝的观想成功法就真的一文不值吗？

当然不是！只要我们运用得当，就算不能起到决定作用，也能够锦上添花，这是我们喜闻乐见的。

所以，偶尔试试观想成功法，也可能会产生意想不到的效果哦。

神奇的正念

你听说过正念吗？

正念这个词是一个全新的心理学概念，20世纪70年代由美国麻省理工学院分子生物学博士、马萨诸塞州医学院荣誉医学博士乔·卡巴金（Jon Kabat-Zinn, PhD）提出的。正念是指有目的地关注和觉察当下的一切，而不做任何判断、分析与反应，只是单纯地觉察它，是一种不加评判的观察与接纳。目前，它常常会作为一种认知疗法和减压疗法出现在大众面前，对人们的心理问题具有良好的疏通作用。

回到我们关注的亲子教育和心理健康问题上来看。由于年龄太小导致的心理不健全和不良的情绪管理，是导致孩子做不好事情的主要原因。而正念恰好对心理问题拥有良好的疏通作用，可以使人们从易复发的消极思维中解脱出来，因此我们可以对正念加以利用。有效利用正念，能够将孩子从学业压力、烦躁不安的情绪的思维模式中解放出来。

正念训练的核心内容是冥想练习

通过冥想的方式，以一种开放的、接受的态度来应对当前出现的想法和情绪，从而形成一种面对困难而非逃避困难的心态。久而久之，就能产生一种能意识到的觉醒模式，而不是一种习惯化的浑然模式。

利用冥想的方式，对孩子进行正念训练，能够帮助那些容易情绪化、饱受负面情绪折磨和干扰的孩子放松心态，正视负面情绪与情境。在考试、比赛等挑战来临之前，正念训练和冥想都是帮助孩子舒缓紧张情绪的好办法。

那么，如何进行正念训练呢？请各位家长带着自己的孩子跟随我一起开启冥想练习吧！

第一步，找个不受干扰的时间和地点。

正念训练与冥想都强调一个"静"字。我们首先要找到一个可以不受干扰的环境。当然，孩子也许会需要在比赛或考试前通过冥想来舒缓紧张情绪，而这时候，孩子往往已经在考场或赛场外了，那么，是否能找到一个不受干扰的环境呢？又该如何去做呢？

其实，我们的担心是没有必要的。因为冥想所需的时间并不会太长，完全可以根据所处环境来决定时间长短。如果在家中这样比较舒适宽松的环境下，可以选择15分钟或者半小时去做冥想。如果在考场、赛场外，且时间相对紧张的情况下，完全可以找一个路边的花坛或者无人的角落，进行一次只有三五分钟的冥想，一样会有效果。

第二步，坐直。

没错，你没有看错，只要不是躺着就行。找个地方安静地坐下，坐直就好。只要无人干扰，你就是随便找张椅子坐着也没有问题。

第三步，调整呼吸，心无旁念。

当你找到无人干扰的地方坐下后，慢慢调整自己的呼吸，让自己慢下来、静下来，彻底放空自己，什么都不要想，然后等待预定的时间结束即可。当然，一开始你可能会被内心的杂念干扰，但经过训练，是可以做到排除杂念的。这里给你提供一个实用的小方法，如果你无法放空自己，那就寻找一个关注点如一朵花、一片叶子，来帮助你集中注意力。当你的注意力集中在一个与你和接下来的事情无关的点上时，也可以达到类似的效果。

成功地做到上述三步，你将会重新认识这个世界，重新找到真正的自己。你会发现杂念是可以被排除的，情绪是可以被缓解的，紧张与畏惧并非不可战胜的。

不要求你做到从心猿意马到心如止水，只要你做到平静与坦然地面对。

第七章　行为疗法：从根本上消除恐惧来源

无论是失败模拟训练还是观想成功法，其实都是对正、负面情绪能量的一种有效利用，属于内模拟的范畴，归根结底是一种虚拟判断和自我暗示训练。但我们不可能仅仅凭借正能量就能搞定一切，我们也不可能仅靠一种内模拟的方法就能够战胜一切。相较而言，内模拟训练的优势在于低成本以及不受时间、地点及使用次数约束的特性。但有时候，我们还是需要一些实实在在的、更加直接的方法来帮助我们。

下面我要介绍的就是这样一种方法——行为疗法，一种非常简单粗暴但又十分行之有效的方法。

行为疗法是在行为主义心理学的理论基础上发展起来的一个心理治疗派别，是当代心理疗法中影响较大的派别之一，最早是由诺贝尔医学奖得主、俄国心理学家伊万·彼德罗维奇·巴甫洛夫（Ivan Petrovich Pavlov）[1] 提出的。

行为疗法依据学习理论和条件反射理论、技术等，通过对个体进行反复训练，来矫正和消除患者建立的异常条件反射行为，从而建立新的条件反射，借此改变、矫正不良行为。该理论认为"没有病人，只有症状"，治疗的目标就是改变人的行为，即消灭我们认为是症状的不良行为，塑造良好的、健康的行为。

伯尔赫斯·弗雷德里克·斯金纳（Burrhus Frederic Skinner）[2] 是对行为主义和学习理论有重要贡献的心理学家。他提出了操作性条件反射原理。斯金纳实验发现，通过有效的条件反射训练，行为是可以被改变的。

---

[1] 伊万·彼德罗维奇·巴甫洛夫（俄文：Иван Петрович Павлов，英文：Ivan Petrovich Pavlov，1849—1936）：俄国生理学家、心理学家、医师，高级神经活动学说的创始人，高级神经活动生理学的奠基人，条件反射理论的建构者，也是传统心理学领域之外而对心理学发展影响最大的人物之一。

[2] 伯尔赫斯·弗雷德里克·斯金纳（Burrhus Frederic Skinner，1904—1990）：美国心理学家，新行为主义学习理论的创始人，也是新行为主义的主要代表人物。

根据行为理论的观点，孩子的负面情绪和随之产生的不良状态和行为就是一种不良的症状。例如，我提到过的考试前夜失眠、舞台上紧张得失去自控力等等。既然是症状，就是可以改变和消除的。

我给大家分享一个有恐高症的男孩的案例。

曾经有一个男孩有恐高症。最严重的时候，男孩连自己家阳台的窗户都不敢过去，看到窗外就会紧张害怕。男孩的父母、祖辈都没有患与恐高相关的病症，所以男孩的妈妈认为这并非一种不可治的病症。她觉得既然男孩恐高，那就必须要从这个"高"来入手解决。恐高是缺乏安全感的表现，是害怕从高处坠落或者担心坠落所受的伤害，抑或是对缺乏有效保护做出的自我保护而产生的一种应激反应。

于是，男孩的妈妈制订了一个"三步走"的治疗方案。

一开始，她带着男孩到自己家小区活动区域的单杠进行练习。凭借母子间的信任，她告诉男孩不要怕受伤，因为有妈妈无时无刻地保护着他。很快，男孩便逐渐克服了对单杠的恐惧。随后，男孩的妈妈又经常带着男孩去游乐场玩那些飞天遁地的游乐项目。这可把男孩吓坏了，但妈妈依然寸步不离地陪着男孩，和他坐在一起，陪他一起玩。渐渐地，男孩又成功地战胜了对过山车的恐惧。

就这样，突然有一天，男孩主动向妈妈提出，想要试试蹦极。男孩说虽然他依然对高处有一种恐惧感存在，但过山车他都不怕了，他认为自己完全有能力彻底战胜恐高。而根据之前战胜单杠和过山车的"高"的经历，也让他明白了只要战胜了心中认为"最高"的那个"山峰"，他就能够克服恐惧。

于是，在经过种种训练后，男孩终于完成了他人生中的第一次蹦极，完成了属于他的极限挑战。当他重新站在悬崖之上的时候，望着那曾经不可逾越的"深渊"，男孩笑了，他对着悬崖大声喊道："我成功了，我再也不怕高了！"

案例中，男孩的妈妈通过渐进的节奏和方式，让男孩一次次地、由易到难地战胜恐惧。这就是典型的行为疗法。恐高这个问题，只要不是生理疾病所致，可以通过行为疗法根治。当你战胜一件你无比恐惧的事情时，你会发现，它并没有想象中的那样无法战胜。这就是行为疗法，战胜恐惧就能消除恐惧。

值得注意的是，案例中妈妈帮助男孩战胜了恐高，经历了多个步骤，从易到难地跨越了很长的时间，才得以实现和完成。请记住！行为疗法绝不可一蹴而就,千万不能有"一口气吃成个胖子"这样的想法。试想,如果男孩的妈妈一开始就让男孩去蹦极,恐怕男孩这辈子都不会答应,反而会加剧男孩对"高"的恐惧。

行为疗法要注意节奏,注意方式。亲子间的信任,是行为疗法得以实现的根本性因素。别急,一点点来,帮助你的孩子了解恐惧、战胜恐惧、消除恐惧。

第八章 注意力转移法与适度宣泄法

除了行为疗法，比较实用的情绪管理方法还有注意力转移法和适度宣泄法。注意力转移法是我们日常生活中比较常用的一种情绪管理方法。顾名思义，注意力转移法就是通过一定的方式，把注意力从引发消极情绪的事物上转移到其他能够引发积极情绪的事物上去，从而达到情绪管理的目的。

对于年龄不大的孩子来说，注意力转移法则更为有效。因为孩子原本就很容易受到外界环境的干扰，注意力很容易会被一些其他的事物所吸引。注意力不够集中原本应该是孩子的缺点，但在孩子受到严重的负面情绪干扰的时候，反而会产生有益的作用。

我们来看一个案例。

孩子："妈妈，我想买一辆遥控汽车。"

妈妈："你不是已经有四五辆遥控汽车了吗？都不玩了吗？这是浪费，不可以！"

孩子："可那是最新款的，而且隔壁小明的妈妈都给小明买了。"

妈妈："不可以买！就这么决定了。"

讲到这里，因为妈妈拒绝了孩子买新款遥控汽车的要求，此刻的孩子已经被难过、失望和沮丧这些负面情绪所影响，眼泪都快流出来了，就要开口哭泣了。

妈妈（看到孩子沮丧得快要哭出来了，突然说）："对了，你昨天不是说想吃炸鸡吗？爸爸马上就回来了，他说他买了炸鸡和烤肉。"

孩子（沮丧的脸上闻声突然眼睛放出了光芒，问）："真的吗？爸爸几点回来？我还想喝橙汁。"

妈妈："行，我让他给你买橙汁。"

孩子:"耶,有炸鸡吃了。"

(孩子高兴地玩儿去了)

讲到这里,妈妈已经成功地通过几句话将孩子的注意力从"妈妈拒绝买遥控汽车"这件"坏事",转移到了"爸爸即将带炸鸡和烤肉回来"这件"好事"上。注意力的转移使孩子从失落、沮丧的坏情绪快速转移到开心、期待的好情绪上。

注意力转移法主要分为以下四种方法:

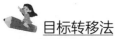
目标转移法

将注意力从引发负面情绪的事物上转移到另一个能够引发积极情绪的事物上。上面案例中的妈妈利用的就是目标转移法。

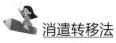
消遣转移法

心情不佳时,可以通过休闲消遣的方式舒缓负面情绪,例如散步、聊天、看电视、玩游戏等方式。

改变环境法

在心情不佳或深受负面情绪干扰时,可以适当换一个环境,例如出去旅游,暂时摆脱所有负面情绪干扰,消除根源,负面情绪会快速有所改善。

心理暗示法

通过自我积极或消极的暗示,改变自己情绪状态的方法。这就类似我前面提到的预判最差结果或者观想成功法等。

适度宣泄法

另外,我们来了解一下适度宣泄法。

合情合理、适度节制地宣泄负面情绪，对维护心态健康和情绪平衡有着相当不错的效果。当然，宣泄的方法因人而异，只要不伤害到他人利益，就都是被允许的。

我们来看一个案例。

妈妈："你们班主任今天给我打电话了，说你总是在学校欺负同学，还打人。"

孩子："对不起，妈妈，我不是故意的。是他们抄我的作业，还到老师面前告状，诬陷说我抄作业。我实在是忍不住才……"

妈妈："你有跟老师讲吗？"

孩子："我……我不知道该怎么讲，我没有证据，我怕老师不信任我。"

妈妈："我知道了，我可以帮你和老师沟通，但你打人是不对的。"

孩子："我知道打人不对，但我当时特别生气，我控制不住自己。"

妈妈："明天我带你去个地方。"

孩子："什么地方啊？"

妈妈："到了你就知道了。"

第二天，妈妈带着孩子去了一个少儿拳击馆，在专业的老师指导下，孩子打了一下午假人道具靶子。晚上回到家。

妈妈："心情好些了吗？"

孩子："好像真的好多了，我不是很生气了。"

妈妈："那这样好不好，我们以后生气了不要打人，妈妈带你去拳击馆打靶子好不好？"

孩子："好的，谢谢妈妈。"

你看，案例中的孩子受了委屈，他很生气却又因为"嘴笨"，不懂得如何向老师表达，所以选择了出手打人，做了错事。但妈妈一方面帮助他解决了跟老师沟通的问题，另一方面又带他去宣泄了负面情绪，避免了无处发泄导致打人的情况发生。

所以，当你的孩子出现情绪问题时，先别急，注意力转移法和适度宣泄法都可以有效地帮助你解决情绪问题。

第九章　勇气榜样：父母是孩子专属的情绪训练师

美国著名心理学家阿尔伯特·班杜拉（Albert Bandura）曾经提出了模仿学习理论。该理论认为，学习的产生是通过模仿过程而获得的，即一个人通过观察另一个人的行为反应而学习某种特殊的反应方式。班杜拉认为，人们的大量行为都是通过模仿而习得的，人的不良行为也常常是通过这一模式形成的。

孩子的成长过程，其实也是一种模仿学习的过程。模仿学习有助于孩子学会很多重要的技能，但不良的榜样也可能导致其习得负面的行为。所以，给孩子找一个勇气榜样，也许是值得家长们用心去做的事情。

先来分享一个案例。

记得那是一次军训，教官让参加训练的孩子完成一次长达10千米的长跑。队伍浩浩荡荡，有数十号人。但还没跑多久，缺乏日常体能练习的孩子就一个个开始疲惫起来，有些孩子甚至就要坚持不住了，纷纷上气不接下气地喘了起来。

"小明，我实在跑不动了，我要跟教官打报告不跑了。"

只见人群中，男孩小华对着另一个男孩小明说道。小华大口地喘着粗气，一副我不跑了、我要放弃的样子。但他似乎不愿意一个人放弃，还想要拉着身边同样上气不接下气的小明一起。

"我……我也快不行了……我……咱们找教官……嗯？"

小明闻声也有些意动想要放弃，可要放弃的话才说了一半，他的目光就被一旁的一幕吸引了过去，放弃的话始终没有说出口。小明看到就在自己不远处，一个非常胖的女生在其他两三个同学的搀扶下，还在一瘸一拐地努力向前跑。那女孩因为身体肥胖的缘故，早已经有些支撑不住了，但她的眼神却异常坚定，似乎一点放弃的想法都没有。

想要放弃的小明看到了这一幕,看到了比他状态还差的女孩都在努力坚持跑步向前,瞬间觉得自己刚刚想要放弃的想法很丢人。他顿时也不在乎累不累了,咬咬牙,坚持跑!

"小华,再坚持一下啊!"小明对着身边的小华说道,小华也顺着小明的目光看了过去,然后,原本已经准备放弃,连步伐都已经慢下来的小华,也咬咬牙,继续跑了起来。

在这个案例中,那个身体肥胖但依旧坚持向前跑的女孩就是小华和小明能够继续坚持下去不放弃的理由。一个比自己身体素质还差的女孩都能坚持,两个男孩又有什么理由说放弃呢?

我们再来看看另一个小故事。

一天,某幼儿园组织孩子们集体接种流感疫苗。

小凯还没进医务室的门,就看到另一个男孩疯狂地大声哭喊着,从几个医务人员和老师的重重包围中"逃"了出来。男孩在前面跑,老师们在后面追,场面十分滑稽。

看到这个场面,小凯和其他孩子都纷纷感觉到了一阵恐惧感,对打针这件事的惧怕情绪纷纷从心底浮现出来。然后,一个孩子开始哭了,接着第二个孩子哭了,然后第三个,第四个……

"下一个,小凯。"

医务室里老师的声音从医务室的门里传了出来。轮到小凯接种疫苗了,但小凯还没有从刚刚的场面中缓过来,他十分害怕,不由自主地向后躲了躲,本能地想要逃离这个可怕的现场。

"下一个,小凯,快点进来。"

医务室里老师催促的声音再次传了出来,小凯这会儿内心的恐惧战胜了理智,东张西望地寻找逃跑路线。这时,小凯感觉有人在背后拍了拍他。他转身看去,原来是自己最要好的朋友小玲。

"小凯,原来你也害怕打针啊?大男孩,不怕。"

小玲笑嘻嘻地看着一脸忐忑的小凯说道。

"我……我不怕……谁说我怕了。"

小凯虽然不愿在自己最好的朋友面前丢面子,但一想到打针还是害怕,所以有些色厉内荏地说。

"切，真是个胆小鬼，看我的。"

小玲笑嘻嘻地说道，然后自顾自地走进了医务室，跟老师说自己先打。很快，小玲打完针出来了，她没闹没哭，脸上依然挂着笑容看着小凯。

"你还不敢打针吗？"

小玲问道。

"我……你就一点都不怕吗？还有，疼吗？"

小凯面容复杂地看着小玲问道。

"打针有什么好怕的，我一个女孩都不怕疼，你一个男孩怕什么？"

小玲对着小凯说道。

"那……好吧。"

小凯看看小玲，咬了咬牙，走进了医务室。不一会儿，小凯哭丧着脸出来了，他对小玲说："骗人，谁说不疼的。"

说完，两人互相对视了一眼，都开心地笑了。

你看，故事里的小凯，要是没有小玲这样的榜样，估计也得哭闹着拒绝打针。这就是榜样的力量，拥有一个优质的勇气榜样，可以让孩子更容易战胜那些畏惧心理和负面情绪。另外，你们还记得上面故事中从医务室跑掉的那个男孩吗？后来我听说他的父亲也同样害怕打针，也是一打针就鬼哭狼嚎地想要跑掉，所以那个男孩在耳濡目染之下，对打针产生了巨大的恐惧心理。

所以，作为家长的我们，给孩子树立一个勇气榜样是值得我们去认真做好的事情。勇气榜样的人选，可以是孩子最好的朋友或同学，也可以是孩子的兄弟姐妹。但最好的勇气榜样，永远都是家长。家长是距离孩子最近的人，是孩子专属的情绪训练师。孩子成长过程中看到最多的、模仿最多的都是家长。

家长的言传身教直接决定着孩子的行为，所以，各位家长不妨仔细想想，自己想要孩子成为一个什么样的人。然后，让自己先成为自己理想中的这个人，给孩子做个好榜样吧！

目标管理编

以目标为引,铺一条通往成功的路。

第一章　兴趣，迸发的热情

前面讲到了让孩子拥有自信、走向成功的第一步是做到有效地管理情绪。然而除此之外，想要获得自信与成功，还需要其他种种条件。其中，一个合理有效的目标是必不可少的，它是孩子成功路上最有效的助推器。

相信很多家长都希望自己的孩子能够更加优秀，于是常常给孩子定下一些目标，例如，每天陪孩子做 3 个小时功课，每天背 10 个单词，每周读 1 本书，等等。然而，经过一段时间后发现，孩子的学习成绩不但没有提升，反而有下滑的可能。不仅如此，孩子可能还会对每天的目标产生强烈的抗拒心理。家长也很难理解，为什么孩子就是不明白他们的良苦用心。

各位家长不妨思考一下，这到底是什么导致的，真的是因为孩子叛逆，不理解家长的良苦用心吗？其实并非如此，而是你帮孩子设定的目标出了问题。扪心自问，你是不是完全没考虑过孩子的实际能力如何，就自己想当然地给孩子定下了"远大目标"呢？你是不是完全没考虑过孩子的喜好，就给孩子定了这样、那样的"兴趣爱好"呢？

如果是，那么就不能怪孩子叛逆抗拒了，一定是目标本身出现了问题。既然如此，那就要求我们着眼于问题的根源去解决，也就需要我们搞明白，如何才能帮孩子设定出一个有效合理的目标。

接下来，我会从以兴趣为引、目标之美、实现目标的最短路径以及有效坚持这四个方面和各位家长探讨这个问题。

我们先来讨论第一个方面——以兴趣为引。

著名科学家阿尔伯特·爱因斯坦（Albert Einstein）[①]曾经说过："兴趣是最好的老师。"兴趣是指个人对研究某种事物或从事某项活动的积极的心理倾向性。它是一种注意和关心。兴趣能够有效地引发和维持人的注意力。当一个人对某种事物产生兴趣时，就会对该事物产生一种特别的关注，从而能够更加敏锐地观察和记忆该事物，以更加愉悦的状态去探索和完成，而不会有负担感。反之，当一个人对某种事物缺乏兴趣时，任何与之相关的行为都会成为一种负担。由此我们可以得知，兴趣是人们认知和从事某种活动的强大推动力，可以有效地提高人们参与活动的积极性，使人们能够在轻松愉悦的状态下完成活动。

既然如此，各位家长在给自己的孩子设定目标的时候，就应该将孩子的兴趣作为一个重要的因素考虑在内。从兴趣出发，以兴趣为引，才能够设定出让孩子积极参与而不感到有负担的有效目标。

据说，在犹太人的家庭中有着这样一个传统。在孩子小时候，父母就会悄悄在书页上抹上蜜糖，孩子为了舔食蜜糖，就会去主动翻开书本。在犹太人的心中，这种行为带有一种神圣的仪式感，旨在告诉孩子读书的味道是甜蜜的，从而以这种方式教导孩子热爱读书和学习。

犹太人的这种"蜜糖教育"，归根结底也是一种兴趣教育。年幼的孩子喜食蜜糖，就会去主动翻阅抹有蜜糖的书籍，在这个过程中，孩子的注意力就有可能会逐渐转移到书籍本身的内容上去，从而慢慢爱上读书。而且，这种仪式让孩子对书籍的初始印象充满着甜蜜感和幸福感，这也会从心理上大大减小孩子对读书这件事产生抗拒的可能性。

那么，我们在教育孩子的过程中，如何能够利用兴趣做引导，从而实现类似于这种"蜜糖教育"的效果呢？

瑞士著名的儿童心理学家让·皮亚杰（Jean Piaget）[②]曾说："兴趣，实际上就是需要的延伸。"没错，兴趣反映人的需要，一个人只有对某种事物产生了需要，才会转化为兴趣。这就好比我刚刚提到的将孩子对蜜糖的需要，转化为对读书的兴趣一样。所以，我们首先要了解孩子的需要是什么。

很多家长都会跟我说，自己的孩子就是不爱学习，用了很多方法都没有用。既然如此，我就拿学习这件事为例，来说明如何利用兴趣引导孩子。

[①] 阿尔伯特·爱因斯坦（Albert Einstein，1879—1955）：出生于德国巴登－符腾堡州乌尔姆市，现代物理学家。

[②] 让·皮亚杰（Jean Piaget，1896—1980）：瑞士人，近代有名的儿童心理学家。

第一，孩子的兴趣多半是物质的。

根据兴趣的内容，可以将其分为物质兴趣和精神兴趣两种类型。物质兴趣主要指人们对舒适物质生活的追求，例如对衣、食、住行方面的追求。精神兴趣主要指人们对精神生活，例如知识、艺术等方面的追求。然而，由于年龄小、心智不成熟等，孩子的兴趣大多属于物质兴趣，例如对美食、玩具、奖励等方面的追求。所以，我们不能以成年人的观念要求孩子必须追求精神兴趣。反而应该从物质兴趣出发，引导孩子逐渐养成精神兴趣。物质兴趣和精神兴趣的结合，加上家长和老师的积极引导，才是最好的。

既然孩子的兴趣多半是物质的，那我们就可以有效地利用这点，通过物质刺激，增强孩子学习的主动性。例如，孩子想要什么礼物，我们就可以以此作为条件，去"交换"孩子主动学习的行为和主观能动性。如果孩子想要的是零花钱，也是一样的效果。简单利用孩子的物质需求，就可以将孩子的兴趣由物质兴趣引导至学习这类我们希望孩子产生的精神兴趣上去。

不过，需要注意的是，物质奖励的方式，只能作为一种引导和辅助方式，一定要坚持适度的原则，不可以完全依赖物质奖励，否则就会背离我们的初衷，可能会造成孩子讨价还价甚至坐地起价的现象发生，从而产生负面的效果。

第二，好奇心是引发孩子兴趣的重要条件。

孩子的世界充满着好奇心与新鲜感。相比于一板一眼的条条框框，年幼的孩子更喜欢灵活多变的事物。我们仔细观察就可以发现，小学课堂上常常会出现一些新颖的、灵活多变的、形象具体的教学内容。这恰恰契合了孩子们的兴趣点。反之，如果一上来就一板一眼地教授课本内容，一字一句地讲解定义和概念，孩子一定会觉得无聊，可能会对学习这件事情产生不好的印象，从而对学习反感、抗拒，甚至厌恶学习。

所以，各位家长在孩子的日常教育中也一定要注意这一点。仔细观察你的孩子对什么事物好奇心重，什么样的活动能够引发你的孩子的兴趣与热情。找到这个关键点，想办法将孩子的兴趣点和你想要孩子达成的目标联系并结合起来，进行有效引导，这样就可以达到事半功倍的效果。

第三，根据孩子不同的知识基础因材施教。

生活中，无论如何我们都要接受一个事实，那就是不同的孩子在学习上的表现可能存在非常鲜明的差异。由于知识基础的不同、学习方法的差异，导致出现了成绩好的孩子和成绩差的孩子的事实区分。既然有事实上的差异，就不能一概

而论。我们必须根据孩子不同的知识基础因材施教。

如果你的孩子成绩很好,请不要高兴过早。一般来说,成绩好的孩子已经形成了对学习这件事的兴趣,因为他们在学习上获得了满足感和成就感。但成绩好的孩子往往容易骄傲自满,甚至产生懈怠心理。因此,各位家长和老师一定要加强这类孩子的科学认知,让他们认识到相较于浩瀚的知识海洋,他们还很渺小;并且提供难度更高的学习内容,让他们可以不断地继续思考和探索,帮助他们保持良好的学习状态。

如果你的孩子成绩较差,基础薄弱,那也不用太过担心。按照上面所说的,找到孩子的兴趣点,通过引导和激励的方式,设法让孩子主动学习。另外,多给予这类孩子学习上的帮助,设法让他们体会到学习的成功带来的满足感,从而培养孩子的信心,让他们不再抗拒学习这件事情。

第四,引导孩子自己发现自己的长处。

作为家长,也许总会想要直接帮助孩子,从而给孩子设定目标、安排兴趣班等,完全没有孩子什么事儿了。这样其实对孩子来说,是一种无形的伤害与扼杀。孩子们正处于充满创造力和活力的年纪,他们在认知世界的过程中能够自主地发现自己的长处和爱好。当孩子自己发现一个兴趣爱好时,他就会对其产生更加浓厚的兴趣,这要比家长指定兴趣强得多。

因此,各位家长在为孩子设定目标和安排兴趣班之前,不妨先问问孩子,看看他们喜欢什么。

第五,己所不欲,勿施于人。

目标本身出现问题,大多数情况下都是家长方面的问题。有的家长在给孩子设定目标时,总是忽略自己的孩子本身的能力基础,总想一口气吃个大胖子,最后设定了一个宏大但无法完成的目标。成功不是一朝一夕就能取得的,是需要一步一个脚印地去实践的。班级最后一名的孩子也不可能一天之内就能成为第一名。家长在为孩子设定目标的时候,还请一定要考虑孩子的实际情况,合理地设定目标。

也有的家长受到刻板思维的影响,认为孩子的兴趣就是某某领域、某某学科,从而给孩子报名了很多兴趣班,这样反而扼杀了孩子的兴趣。要知道,孩子的兴趣是广泛的,是多变的,是多方面且内容关联的。如果单单只是刻板地去报兴趣班,很可能会发现孩子对此十分抗拒。

所以,在给孩子设定目标之前,在给孩子选择兴趣之前,家长不妨换位思考，问问自己，如果换作你是孩子，你会喜欢这样的操作吗？如果不是，就请不要强加于孩子身上。不妨试着去寻找更加温和、更加舒服的方式帮助孩子。相信我，有朝一日，孩子一定会感谢此刻温柔的你。

试着和孩子沟通一下吧，问问他/她喜欢什么。试着通过多种方式去引导孩子的兴趣，以兴趣为引，让孩子迸发出耀眼的热情与光芒吧！

第二章　神秘的吸引力法则

关注什么，就能吸引什么。

——吸引力法则

你听说过吸引力法则吗？你相信心想事成吗？

1877 年，神秘学家 H. P. 勃拉瓦茨基夫人[①]写了一本名叫《揭开伊西斯的面纱》的神秘学著作。这本书首次提到了神秘的吸引力法则。两年后，《纽约时报》的一篇关于淘金和财富的文章将这个专业术语带到了大众面前。

让我们来了解这个带有神秘色彩的术语的含义吧。

吸引力法则是指思想集中在某一领域的时候，跟这个领域相关的人、事、物就会被它吸引而来。而这种冥冥之中的吸引力，引导着世界上乃至宇宙中的每一样事物，让它们各自在属于自己的轨道上安然运行。

著名的"墨菲定律"[②]认为，如果你担心某件事情发生，那它就一定会发生。而吸引力法则恰恰与之相反，认为你关注什么，就能吸引什么。也许你会有些疑惑，吸引力法则所讲的不就是心想事成吗？这种玄之又玄的神秘学理论，和我们培养孩子、帮助孩子设定目标有什么关系呢？

别说，这种神秘学理论还真和孩子的教育有那么一些关系。你有没有发现，当你的孩子很享受学习的时候，他就会很主动地去学习课堂之外的知识，甚至超前完成学习内容，对难题也会很感兴趣。在这个时候，你的孩子就更容易吸引到家长和老师的关注，老师的教育资源可能也会更加倾向于你的孩子，上课提问、

[①] H. P. 勃拉瓦茨基夫人：19 世纪神秘学家，代表作《揭开伊西斯的面纱》。
[②] 墨菲定律是一种心理学效应，1949 年由美国的一名工程师爱德华·墨菲（Edward A. Murphy）提出，亦称墨菲法则、墨菲定理等。

课外辅导和帮助可能都会在不经意间变得更多。另外，你的孩子或许还会吸引一群和他情况相似的好学的优等生，他们会形成一个小圈子，在一起讨论难题，共同学习超前的知识点。随后，优异的成绩、优等生的称号、师长们的奖励与称赞就会接踵而至。

吸引力法则在孩子身上的这种体现，是不是非常神奇？吸引力法则其实并不神秘，反而十分简单。所谓物以类聚，人以群分。当我们关注某种事物或者某个目标的时候，我们就会自觉地去接触和该事物有关的事物，去做和目标有关的事情，我们就会积极地发现问题、解决问题。在这个过程中，我们就能够吸引相关的人和事靠近，从而对结果和目标产生正面的促进作用。

那么，我们在孩子的教育中，如何运用吸引力法则呢？

首先，始终关注目标。

孩子要有一个清晰明确的目标。例如，这次考试要得100分。目标必须是清晰且明确的，并且要始终关注目标本身。在实现目标的整个过程中，不断地重复告诉自己目标是什么，加强自己的目标感和信念感。

其次，只关注积极信息。

在孩子定下目标之后，在实现目标的过程中，一定会听到这样或那样的建议或者评价。也许，你身边有人会觉得你的孩子定的目标太大，不可能实现；也许，你身边会有人说你的孩子只有走另一条路线才能成功。请一定要坚定自己的目标和信念。这就要求孩子摒弃和过滤掉那些消极、负面的信息。让孩子记住，想要什么，决定了就坚持下去，任何人的意见都不能干扰他前进的信念。只有这样，才能摒弃杂念，一往无前。

最后，清晰的目标规划。

正所谓，不积跬步无以至千里，不积小流无以成江海。但凡目标都不是一蹴而就的，都需要一个实现的过程。在这个过程中，每一步都需要我们精心规划，每一步都可能存在艰难险阻。单有必胜的信念是远远不够的，还需要制定出清晰明确且详细的目标规划。只有这样，既有了前进的动力，又有了实现成功的方法，你的孩子才算真正拥有了成功路上的"通行证"。

请记住这句关键的秘诀：关注什么，就能吸引什么。

第三章　制定具有美感的目标

五星原则：SMART法则

前面我谈到了"以兴趣为引"和"吸引力法则"，但归根结底，我们都是在谈论目标。如何帮助孩子设定一个科学合理的目标，是本章我们要重点关注的内容。

目标是指想要达到的境地或标准，是对事件结果的主观预期和设想，是一种主观的意识形态，能够起到一种指明方向的作用。一个好的目标，对事件的结果有着引导和促进成功的作用。一个坏的目标，会对预期结果的实现造成阻碍。区分一个目标是好是坏，可以从多个维度出发。例如，对现实事件的发展是否具有促进和推动作用，是否能够称得上是成功路上的有效路标，是否能够起到至关重要的引导作用，等等。

帮助孩子设定目标，不可以过于宏大。过于宏大的目标犹如镜花水月，乍一看繁花似锦，实则虚无缥缈，无法触及。一旦目标过于宏大，会给孩子造成无论如何也无法抵达终点的无力感和恐惧感。帮助孩子设定目标，不可以只看结果而忽略过程。只想到结果而没有实现的路径和方法的目标，同样只是海市蜃楼。这样的目标，缺乏实实在在的实现路径，只会让孩子不知所措，止步不前。当然，帮助孩子设定目标，不可以缺少约束。一个目标如果不设限制，过于宽松，就容易引发孩子的懈怠和放纵心理，从而导致目标失去了执行力，最终只能迎来失败的结果。

那么，一个好的目标究竟是什么样的呢？这就不得不提到SMART法则了，见下图。一个好的目标，需要遵循SMART法则。

目标管理编

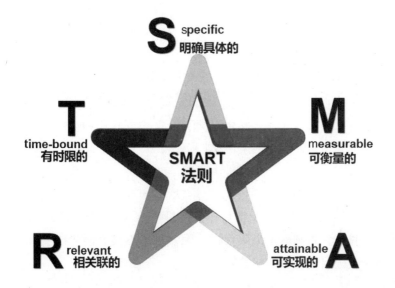

我们先来看看什么是 SMART 法则。将 SMART 每个字母拆开来看，即：

specific（目标是具体的）
measurable（目标是可以衡量的）
attainable（目标是可以抵达的）
relevant（目标是具有关联性的）
time-bound（目标是具有时效性的）

SMART 法则源自现代管理学之父彼得·德鲁克（Peter F. Drucker）[①] 的目标管理理论，该法则为好的目标做出了科学且明确的解释。下面让我们逐一来看。

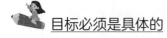 目标必须是具体的

科学合理的目标必须是准确且具体的。目标预期的结果、目标的设定者和执行者、目标的实现路径和方法、目标的时限，都必须是清晰且明确的。家长们帮助孩子设定目标时，必须要做到准确、具体。

---

① 彼得·德鲁克（Peter F. Drucker，1909—2005）：现代管理学之父。

例1：

无效目标：我要改善孩子的学习状态。

有效目标：我要提高孩子本学期期末考试的数学成绩，争取提高10分以上。

例2：

无效目标：我要让孩子养成阅读习惯。

有效目标：我要提高孩子的阅读量。让孩子从现在起，每周阅读1本文学作品，坚持100天，从而让孩子养成阅读习惯。

看完上面的例子，你是否了解目标具体性的含义了呢？目标只有做到具体性，才是有效目标，否则就是无效目标。无效目标不仅会浪费孩子大量的时间，而且会让孩子失去目标管理的相关能力。

 目标必须是可以衡量的

科学合理的目标必须是可以衡量的。如果目标无法衡量，就无法为孩子指明努力的方向，且无法确定是能否达成预期的结果。家长们帮助孩子设定目标时，务必要达到可衡量的标准。

例1：

无效目标：我要让孩子期末考试班级排名有所提升。

有效目标：我要让孩子期末考试班级排名提升5名以上。

例2：

无效目标：如果孩子这个月阅读习惯有所改善，我就给他奖励。

有效目标：如果孩子这个月完成4本书的阅读计划，我就给他奖励。

如果设定以上无效目标，结果可能就会发展成下面这样：

例1：

孩子："妈妈，我期末考试班级排名提升了6名。"

（孩子期待妈妈的肯定和鼓励）

妈妈："哦，6名啊，是不是提升得有点慢？"
（没有衡量标准，妈妈反而否定了孩子的努力，打击了孩子的积极性）

例2：
孩子："妈妈，我这个月读了2本书，您说过要给我奖励的。"
（孩子期待妈妈的奖励）
妈妈："你才读了2本书啊，太少了吧？"
（没有衡量标准，妈妈认为孩子的阅读量没有达到自己的预期）
孩子："妈妈是骗子，您又没说过读几本书！"
（孩子很生气，可能再也不会参与到读书这件事中去了）

从上面的例子可以看到，如果没有确定孩子班级排名提升名次，如果没有确定孩子这个月的阅读量，那么就很难衡量孩子是否达成了目标，甚至可能出现孩子很努力了却并未得到正面反馈的情况。

 目标必须是可以抵达的

科学合理的目标必须是可以抵达的。如果目标无法抵达，就可能会受到目标执行者的抗拒，导致消极懈怠。家长们帮助孩子设定目标时，一定不能好高骛远，忽略孩子本身的实际能力。

例1：（我们假设孩子的数学成绩是80分）
无效目标：我要求孩子下次考试数学成绩考到满分100分。
有效目标：我希望孩子下次考试数学成绩能保85分，争90分。
例2：（我们假设孩子一周可以读1本书）
无效目标：我要孩子一周读5本书。
有效目标：我要孩子一周读1本书。

从上面的例子很容易看出，家长给孩子设定的目标一定要是能够实现的。例1中要求孩子考满分，就和例2中要求孩子一周读5本书一样，都是几乎不可能实现的。这样的目标，孩子不可能接受，只会厌恶、抗拒。

目标必须是具有关联性的

科学合理的目标必须是具有关联性的。多数情况下,目标都是具备整体性的。一个大的目标,往往包含着许多详细的小目标。如果目标部分之间互不关联,就会在执行时产生矛盾和冲突,最终无法实现。家长们帮助孩子设定目标时,一定要注意目标整体与部分之间的关联性。

例:(我们假设升学考试只考语文、数学、英语,且孩子数学成绩很差,其他成绩良好)

无效目标:我要让孩子升学考试顺利通过。近期要加强孩子的语文、英语两门功课的学习,暂时不管数学。

有效目标:我要让孩子升学考试顺利通过。近期要在保证语文、英语成绩不下降的情况下,将数学成绩提升起来。

从上面的例子可以看到,孩子升学考试如果有一门不及格,就可能导致整体失败。如果忽略了薄弱环节,不考虑部分与整体的关联性,就会导致最终结果的失败。

 ### 目标必须具有时效性

科学合理的目标必须是具备时效性的。如果目标缺少时效性,就容易造成执行者的懈怠和放纵,从而导致目标无法达成。家长们帮助孩子设定目标时,务必要设定时效要求限制。

例:

无效目标:我要让孩子养成阅读习惯,首先要让孩子读几本书。

(因为没有时间限制,孩子可能在1个月内都没有完成1本书的阅读)

有效目标:我要让孩子在3个月内养成阅读习惯,每周要求孩子必须阅读完1本书。

(孩子根据时限要求,要么1周内完成1本书的阅读,要么目标失败,没有达成)

大家看出有时限和没时限的区别了吗？如果你不设限制，孩子就没有紧迫感，可能会产生懈怠心理，心想反正也没有规定完成时间，那就拖一天算一天呗。

所以，有效的目标，一定是具体的、可衡量的、可抵达的。

所以，有效的目标，一定要关注整体和部分，以及内在部分之间的关联性。

所以，有效的目标，一定要设置一个最后期限。

那么，你学会 SMART 法则了吗？

目标拆解的艺术

学会目标拆解，迈向不可能！

人类的历史，就是一部实现不可能的奇迹奋斗史。钻木取火的发现，让人类获得了温暖与安全；汽车和飞机的问世，让人类能够跑得更快、飞得更高；航天科技的发展，让人类得以探索更深邃的宇宙，探寻生命的深远。人类从诞生之初，就一次次地在打破陈规，实现了一次次看似不可能的目标，这才有了我们今天的科技社会。

然而，作为个人，我们在设定个人目标的时候，往往会陷入一种两难的境地。我们究竟是该选择宏大目标、远大理想，还是该选择切合实际的目标呢？

在本书前面我曾提到过，太过宏大的目标会让人产生一种无论怎样也无法实现的无力感，容易让人产生懈怠心理，甚至产生主动放弃的想法。例如，曾经一个研究机构做过一个实验，他们安排了两组人员（各10人），直接要求第一组一年内必须读完500本书。让第二组自己制订读书计划，最多一个人只定了一年内读完50本书的量。结果一年后，第一组10个人没有一个人完成任务，甚至没有一个人读书超过50本。而第二组，大部分人都完成了自己定的目标，甚至有的还超额完成。这是怎么回事呢？其实就是目标（一年内读完500本书）太过宏大了。对于普通人来说，这几乎是一个不可能完成的目标，既然无法完成，那为什么还要努力去做呢？所以，第一组的完成度甚至还不如第二组。

那么，我们就该放弃远大理想，只去设定一些易实现的小目标吗？当然不是。目标设定得过小，太容易实现，也会导致目标执行人失去前进的动力，因为既然不用努力就可以达到目标，那为什么还要去努力奋斗呢？太容易实现的目标，也会让人因为缺乏成就感而感到无聊乏味，从而产生懈怠心理。

大目标难以实现，容易让人绝望放弃；小目标又太过简单，容易让人消极懈怠。那么，我们究竟该如何选择目标呢？

我的答案是，设定目标的第一步是设定一个"看似不可能"的目标。请注意我的用词，不是"绝对不可能"，而是"看似不可能"。也就是说，我们设定的这个目标，可以宏大，但必须有能够实现的现实条件和可能性。举个例子，"绝对不可能"的目标就是考试满分100分，你非要考110分；"看似不可能"的目标就是你平时最多考60分，但下次你想考99分。现在你明白什么是"看似不可能"的目标了吗？

让我们把注意力回归到孩子的教育上来。家长给孩子设定目标时，一定要根据孩子的真实能力，设定一个有难度，但努力后还是能够实现的大目标。例如，刚才提到的让平时考60分的孩子努力考到99分。或者直接通过我们期望的结果所必需的现实门槛来设定大目标。例如，如果你想要孩子考上某所名校，那就必须要达到该校升学考试的基础分数线。这样的目标才是有意义的目标，是孩子可以为之努力、为之追求的目标，而不是虚无缥缈的镜花水月。

这时候，你大概会说，大目标我们已经设定好了。但由于种种原因，也许是孩子本身实力的问题，也许是孩子的态度问题等导致目标实施过程并不那么顺利，甚至感觉目标实现的可能性越来越低。这时候该如何是好呢？

这时候就需要各位家长认真学习如何进行目标拆解。目标拆解就是将大目标在纵向、横向或者时序上拆解为不同层次的小目标，从而形成目标体系的过程。目标拆解是大目标得以实现的基础。

大目标之所以给人一种难以实现的感觉，是因为其缺乏有效的目标量化标准和执行计划。当我们将大目标拆分为不同层次、相互关联的小目标时，我们就可以清晰地看到实现各级目标的计划和方法，大目标也就从不可能实现开始变得可能了。

在20世纪80年代的日本，有一位叫作山田本一的马拉松选手，他曾经获得了东京国际马拉松邀请赛和意大利国际马拉松邀请赛的总冠军。在山田本一的自传中他提到说，比赛前，他会把比赛线路仔细看一遍，并将沿途几个比较醒目的标志记录下来，比如一家银行、一棵树、一座红房子等。比赛时，他把每一个标志都当成一个小的目标，实现了一个，就再去实现下一个，将全程40多千米的赛程分解为一个个的小赛段，从而清晰地知道自己的完成程度和完成状态。

如果一段路太长，走得太累，不妨暂时不去看终点，而是把它拆成一段段的短途旅程，只要知道你下一个目标要去到哪里就够了。这样把大目标拆开来实现，才能让人看到更多的希望。有时候，当我们因为某一个大目标而感到困惑烦恼时，不如先去解决一些能够解决的小问题，解决了一个个局部的问题后，你就会发现，大目标也随之达成了。

总之，我们需要设定大目标，大目标一定是具备现实条件的，是具备导向性和结果性的终极目标。而大目标中又包含了很多小目标，这些小目标各自独立又相互关联，小目标与大目标方向一致、上下贯通，每一个小目标的实现，都是对大目标实现的一次重要推进。

目标拆解要遵循以下原则：

（1）目标拆解要根据整体和部分的原则进行。大目标既是目标，又是整体。小目标既是独立的，又是实现大目标的一部分。大目标由很多小目标组成，小目标的实现对实现大目标起着积极的推动作用。

（2）大目标只有一个，小目标可以有很多个。小目标要与大目标保持方向上的一致，内容上下贯通。

（3）小目标之间要保持协调、平衡、同步的发展，且不能影响大目标的实现。

（4）小目标也可以作为独立目标，也有明确具体的目标值和时限条件，也要遵循SMART法则。

目标拆解要遵循以下方法：

（1）时间顺序拆解法。

当一个大目标为线性的且为专一领域的目标，不便于拆分为多项内容目标时，可按照总体目标的时限或结果要求，将其拆分为多个时间进度和完成程度。例如，将大目标拆分为初期、中期、后期目标，分阶段完成。

例如，假设一个学期内共4次考试，孩子数学考试成绩从60分到99分，可以拆分为：

第一次考试，目标70分。
第二次考试，目标80分。
第三次考试，目标90分。
第四次考试，目标99分。

这样，就避免了让孩子一下子完成从 60 分到 99 分的跨越式的不可能目标，而变成了每次提高一点点的可能目标。即使孩子最终没有达到终极目标 99 分，也会比当前分数提高不少，努力也得到了回报。

（2）目标任务内容拆解法。

当一个大目标包含多个领域的小目标时，可以采用目标内容拆解法。每实现其中一个小目标，就相当于完成了大目标的一部分，从而促进了大目标的实现。

例如，假设期末考试前，要孩子语文、数学、英语三门功课成绩都达到 A，可以拆分为：

期末考试前，语文考试成绩达到 A。
期末考试前，数学考试成绩达到 A。
期末考试前，英语考试成绩达到 A。

这样，每实现一门功课成绩达到 A，就相当于完成了大目标的三分之一，逐步实现大目标。

帮助孩子设定一个大目标，然后将其拆分为多个可以实现的小目标，分阶段、分步骤地一步步地去完成，从而实现整个大目标。将"看似不可能"变得"可能"，这就是目标拆解的艺术。

那么，你学会目标拆解了吗？

神奇的"攀登线"

前面讲述了有关目标拆解的内容，也阐述了大目标和小目标的关联。然而，现实中家长们在帮助孩子设定目标的时候，往往会发现目标并非设定了就一成不变。目标是一个动态的、不断变化的概念。大目标可能会发展成小目标，小目标也可能曾经是大目标。实现目标就好像登山一样，我们克服了一个又一个的困难，爬到山顶时会发现还有无数个更高的山峰在等待着我们去征服。那么，在目标实现的过程中，是否有一个衡量的标准呢？理想和现实之间，又是否有一条用来划分基准线呢？我认为这条基准线就好像每一个等待我们去征服的山峰一样，故我将这条线命名为"攀登线"。

如果和我前面讲到过的目标拆解结合来看，你就可以发现"攀登线"和拆解后的阶段性目标有一定的相似相关性。它们都是目标实现过程中的一个阶段性的指标，但拆解后的小目标属于结果，而"攀登线"则属于一种衡量基准。如果一定要讲清楚它们的区别，那就是小目标是"期末考试希望孩子考到90分"，而"攀登线"则是"期末考试孩子考到85分也算良好"。

那么，你看明白拆解后的小目标和"攀登线"的区别了吗？

为什么孩子需要一条"攀登线"？

家长在给自己孩子设定目标的时候，一定要设置一条"攀登线"。因为"攀登线"可以让孩子有一个清晰的感知，自己把事情做到什么样的程度才算合适，可以对目标实现的进度和结果做一个有效的阶段性评估。另外，"攀登线"并非及格线，而是不超出孩子的能力范围，但只要通过努力就一定能达到的目标。通过努力成功达到"攀登线"，既避免了孩子因为目标过高而放弃，也能给予孩子良好的即时反馈和成就感。

"攀登线"是动态的，而非一成不变的。当每一条旧的"攀登线"被达成，新的"攀登线"就会自动产生。当孩子战胜重重困难，成功地攀登高峰后，孩子既收获了一览众山小的成就感，又领略到了更高的山峰、更美的风景，孩子会继续向着更高的山峰去努力攀登。

让一个平时考试不及格的孩子直接考满分，没有人能做得到，就算是最顶尖的教育专家也无能为力。但我们可以让孩子先考及格，再通过一步步的努力考到70分、80分、90分，直到满分100分。而在这个过程中，只要设置好小目标和"攀登线"，给予孩子足够的即时反馈和鼓励，你就会发现，在实现终极目标的过程中，孩子逐渐不再需要家长敦促了，孩子会越发地自主向前，攀登一个又一个的"高峰"。

为孩子设置科学的"攀登线"需要遵循以下原则：

（1）搞清楚孩子能做到什么，不能做到什么。

科学的"攀登线"必须根据孩子的实际能力来设定。"攀登线"过低则毫无意义，过高则会让孩子失去自信。科学、优质的"攀登线"一定是适中的。

（2）不要以大人的标准来设置孩子的"攀登线"。

部分家长总是不由自主地按照自己的标准想当然地给孩子设置"攀登线"。然而，家长对孩子的期许，常常会高于孩子的真实水平。一些家长会将本该作为阶段目标的期许误作为"攀登线"去设置，导致最终效果不佳。

（3）"攀登线"必须是孩子只要通过努力就一定能够做到的事，还必须是做到之后能让孩子获得成就感的事。

"攀登线"必须是能够达到的，通过努力都无法做到的事绝对不可以作为"攀登线"。而且"攀登线"是要用来激励孩子前进的，所以必须是通过努力才能达到的，这样会给孩子一种积极的反馈和成就感，有助于孩子进一步地攀登"高峰"。

（4）"攀登线"是动态的标准、变化的标准。

设定一成不变的"攀登线"是不科学的。如果你发现你给孩子设置的"攀登线"一直未发生变化，那一定要赶紧检讨。检查"攀登线"是否过高，难以达成。及时修正，才能更有效地帮助孩子向更高的目标迈进。

还在犹豫什么？快帮你的孩子设定一条"攀登线"吧！

即时反馈：像痴迷电子游戏一样爱上学习

如果让你的孩子在学习和电子游戏中二选一，你觉得他/她会选择哪一项？

相信一定是选择电子游戏的可能性大一些！

相信很多家长都有这样的经历，即使严格控制孩子玩电子游戏，孩子依然会见缝插针地偷偷玩电子游戏。而即使一刻不离地在孩子身边陪他学习，孩子也会拖延、抗拒，动不动思绪就飞到九霄云外去了。为什么孩子对学习这件事百般不愿，而对电子游戏却痴迷成瘾？你有想过这究竟是什么原因导致的吗？你是否曾经幻想过，有朝一日孩子能像喜欢打电子游戏那样喜欢上学习呢？

如果我告诉你，用对了方法，真的能让孩子像喜欢电子游戏那样喜欢学习，你是否会欣喜若狂呢？这里面的原理其实并不复杂。既然我们想将孩子对电子游戏的那种"热爱"复制粘贴到学习上去，首先就要搞清楚电子游戏的迷人之处究竟在哪里。

美国著名未来学家简·麦戈尼格尔（Jane McGonigal）[①] 在《游戏改变世界》一书中提到了游戏成瘾的机制——即时反馈机制。他在书中写道："现代社会过分复杂的分工使我们不能立刻看到我们的劳动成果，而打游戏让人重返到深植在我们基因中的古代生存模式——打怪就能得到经验、采集就能得到物品。"

简单逻辑的即时反馈，让人能够快速地得到积极的反馈和成就感，让人从心

[①] 简·麦戈尼格尔（Jane McGonigal）：博士，美国未来研究所的助理研究员，著有《纽约时报》畅销书《游戏改变世界》。

理和生理双重层面感受到愉悦感，这就是人们对游戏成瘾的原因。简单来说，即时反馈就是在你采取行动后，能够快速得到响应。

电子游戏在即时反馈机制上下足了功夫。当我们发动攻击，敌人就会掉"血"；当我们被攻击，我们就知道要赶紧撤退。然而，学习却是一个慢工出细活的过程。孩子无法观察到成绩每时每刻增加了多少分，无法快速获得奖励和赞美，如此，孩子可能因为一次发挥失常，就收到了负面评价，甚至是家长的指责和打骂，从而怨恨、厌恶学习也就不那么难以理解了。

所以，想要让孩子对学习产生"上瘾"的效果，就要有效利用即时反馈机制。家长们可以给孩子设置及时反馈机制。

首先，即时反馈机制需要搭配目标拆解使用才能发挥功效。

家长们在帮助孩子进行目标拆解时，就该设置好每个小目标实现后的正面反馈。可以是精神上的正面反馈，例如夸奖、赞美等，也可以是物质上的正面反馈，例如礼物奖励、零花钱等。当孩子完成阶段小目标时立刻获得了积极的正面反馈，孩子就会有动力再去完成下一个小目标。

其次，即时反馈最好是物质化和视觉化的。

虽然心理上和精神上的赞美也有效，但相比于物质化和视觉化的反馈就会显得稍有不足。当奖励看得见、摸得着，甚至是可以长期保存的，就可以对孩子起到一个较长时间段的、连续不断的正面感官刺激。比如说孩子在追求下一个小目标时产生疲惫或其他消极情绪，这时看到上一次的奖励就摆放在自己身边，触手可及，孩子可能会更容易感觉到努力的意义，从而克服负面情绪，继续向着目标前进。

最后，设置即时反馈要注意峰值和终值。

诺贝尔经济学奖获得者、美国心理学家丹尼尔·卡内曼（Daniel Kahneman）①认为，人们对体验的记忆核心就是峰值和终值。峰值指体验中正向或者负向的最高峰，而终值指的是结束时的体验。峰值与终值的体验是最让人记忆深刻的。在孩子的学习过程中，家长应该主动去创造正向的峰值和终值。这个峰值和终值可以是"一道简单的题目"或者是"孩子喜欢的某个学科"，总之要选取孩子最喜欢、最能带给孩子成就感的峰值和终值。这样，在学习过程中，孩子能够获得一种预约的正向体验，从而逐渐爱上学习。反之，一定要避免负向的

---

① 丹尼尔·卡内曼（Daniel Kahneman）：1934年出生于以色列特拉维夫，具有以色列和美国双重国籍，2002年诺贝尔经济学奖获得者之一。

峰值和终值,否则即使你拆解了目标,设置了"攀登线",也无法获得良性的及时反馈。

好了,去试着在孩子的目标中设置有效的即时反馈吧,让你的孩子爱上学习,对作为家长的你来说也一定会是一种不错的体验。

当目标完成之后

成功之时,一切都已结束。最幸福的,则是努力的过程。

——莎士比亚①

各位家长在为自己的孩子设定目标并为之奋斗的时候,有一件重要的事情却常常被忽略,那就是在本次目标完成之后,孩子和家长要怎样去做?为什么说这件事很重要?因为大多数人,无论是孩子还是成年人,都会有这样一种经历和感觉,那就是当付出了很大的努力,一鼓作气地达成目标之后,随之而来的并不是幸福感和满足感,反而可能是一种空虚感和失落感。一些人在达成目标之后,甚至会突然失去干劲,丧失行动的积极性,与之前努力拼搏的自己判若两人。

举个最简单的例子,当我们网购了一样自己喜欢的产品,从下单购买到配送,直到我们拆开快递拿到我们心仪的产品的时候,幸福感和满足感可以说是一路攀至顶峰。然而,在这之后,幸福感和满足感就会慢慢消退,甚至没过多久,就感觉自己不是那么强烈地想要这件产品了。这和目标达成后从满足感到空虚感的变化过程,是非常相似的。

那么,这究竟是怎么一回事呢?其实,这与多巴胺②有关。当人体分泌多巴胺的时候,人就会感到幸福和快乐。我们在设定目标,努力实现目标,直到达成目标的那一刻,我们的期望值是高涨的,且逐步攀至顶峰,这时人体会分泌大量多巴胺。当目标达成,期望与现实重叠的那一刻,人的满足感和幸福感就会达到巅峰。但是,如果没有下一个目标和期望的刺激,当之前的拼搏与激情消退,多巴胺就会减少甚至停止分泌,人的满足感和幸福感就会如潮水般快速消退甚至彻

---

① 威廉·莎士比亚(William Shakespeare,1564—1616):英国文艺复兴时期剧作家、诗人。
② 多巴胺是一种神经传导物质,是用来帮助细胞传送脉冲的化学物质。这种脑内分泌物和人的情欲、感觉有关,它传递兴奋及开心的信息。另外,多巴胺也与各种上瘾行为有关。

底消失，就会出现一种疲劳综合征（burnout syndrome）[1] 般的症状，剩下的就只有空虚和失落。

威斯康星大学麦迪逊分校的心理学专家理查德·戴维森（Richard Davidson）[2] 博士曾经提出，人有两种积极的情感，即目标达成前的积极情感和目标达成后的情感。而通常在达成目标后，大脑前额叶皮质区活动趋缓，人们会感受到短暂释放的满足感。戴维森博士认为目标达成后人们所获得的幸福感和满足感是短暂且不持续的。这也恰恰证明了我刚刚提到的观点。

不过，作为家长的你也不用太过担心，因为能够出现这种情况，也从侧面说明你的孩子还很敏锐，还拥有主动进步的想法。所以，为了避免这种情况发生在孩子身上，我们就要注重目标达成之后的东西，即下一个目标，我称之为"后目标"。

第一，避免将完成目标当作努力的全部意义。

缺乏"后目标"，容易让孩子感到空虚，失去行动的积极性。如果孩子将完成目标当成努力的全部理由时，很可能在目标达成后的一系列行为中问题频现。举个例子，很多孩子的终极目标就是考上一个好中学、好大学，然后拼尽全力地努力学习，最终终于达成心愿成功考入自己心仪的中学、大学。但很快就会发现，孩子似乎无法很好地融入新的校园生活，很可能会对接下来的学业失去干劲儿。

这是为什么？因为孩子为之努力的目标——考上心仪的中学、大学已经实现了，已经成为过去，不存在了。而接下来的学业和生活，并非孩子要努力的方向，所以就会快速出现不良状态的反应。因此，我们在给孩子设定目标时，一定不要将完成目标当成最终的目的，就好像上述例子中，不要将"考上心仪的中学、大学"当成最终目标，而是要把"考上心仪的中学、大学，并要更加努力地念书，争取未来能为国家做更大的贡献"当成目标。

第二，在孩子快要达成目标的时候就是要考虑设置"后目标"的时候。

由于目标实现过程中的不确定性和变化性，很多家长无法一次性设置多重且精准的目标给孩子。就好比说，一开始设定的是孩子考上重点初中、重点高中、

---

[1] 疲劳综合征即慢性疲劳综合征（chronic fatigue syndrome，CFS），是一组以持续或反复发作的疲劳，伴有多种神经、精神症状，但无器质性及精神性疾病为特点的症候群。
[2] 理查德·戴维森（Richard Davidson）：博士，威斯康星大学麦迪逊分校的心理学和精神病学教授，也是健康头脑中心的创始人和主任。他以情绪和大脑的开创性工作闻名。2006年，他被《时代》杂志评为"全球100位最具影响力人物"之一。

知名大学的计划，万一孩子连重点初中都没考上，后面的计划和目标也就成了无用的东西。所以，一次性设置多重大目标是完全没有必要的，但家长们可以在孩子即将达成第一个大目标时，在基本保证前面目标实现的基础上，再开始准备和设置第二个大目标。

第三，让孩子自己选择"后目标"。

当孩子即将达成目标时，不妨多问问孩子自己的意愿，看看孩子接下来更想要向哪个目标和方向去发展，孩子自己选择的"后目标"，完成起来积极性也会更高。在目标大方向不变的情况下，家长可以加以引导，让孩子自己做主选择"后目标"。比如家长可能帮孩子选好了一所知名大学作为目标，但孩子可能更喜欢另一所知名大学。只要目标相差不大，那么尊重孩子自己的意愿不是更好吗？

第四，利用奖励，让幸福感更持久一些。

刚才提到当目标达成后，人体多巴胺分泌就会开始减少，幸福感就会逐渐降低。这个过程我们是无法去人为终止和改变的。但我们可以利用奖励的方式，在目标达成后幸福感消退的时候，额外多制造一次多巴胺分泌，人为地添加一重幸福感。所以，各位家长不如在给孩子设定目标的同时和物质奖励进行捆绑。这样，在双重成就感和幸福感的加持下，可以让幸福感更持久一些。

小工具：创建一张目标图

回顾本章，我们学习了 SMART 法则，了解了目标拆解的方法，学会了如何设置"攀登线"和即时反馈，讲到了保持持久幸福感的"后目标"。只要你跟随本书认真学习和思考，那么，相信你已经了解了如何为孩子设置一个优质的目标。

然而，目标不能只存在于心中，更不能只停留在嘴上，而是要落实到实际行动才行。商业哲学家吉米·罗恩（Jim Rohn）[1] 说过："在纸上写完待办事项之前，不要开启新的一天。"成功学大师拿破仑·希尔（Napoleon Hill）[2] 也曾经说过："要把你的计划写出来……因为一旦写出来，便为无形的心愿赋予了具体的

---

[1] 吉米·罗恩（Jim Rohn，1930—2009）：美国最杰出的商业哲学家之一，成功学之父，成功学创始人。代表作品《快乐致富——获得财富与快乐的7个策略》。

[2] 拿破仑·希尔（Napoleon Hill，1883—1969）：现代成功学大师和励志书籍作家，曾经影响美国两任总统（伍德罗·威尔逊和富兰克林·罗斯福）及千百万读者的成功学大师。

形式。"没错,思想可能转瞬即逝,突发情绪也可能会欺骗人的感知。作为普通人的我们,为了更好地告知自己,执行并且达成目标,就应该将心中的目标以具体的形式展示出来,时刻提醒自己严格遵循积极思考的原则,让自己不要偏离目标。

英国顶级目标大师布莱恩·梅恩(Brian Mayne)[①] 在他的著作《目标的力量》中提到了一种叫作目标图的方法,他阐述了通过七个步骤创建一张目标图的方法。

布莱恩·梅恩认为,实现成功的关键问题有七个,于是将目标规划分为七个步骤:梦想(我想要什么)、重点(我的重点是什么)、图画(看上去是什么样)、原因(我为什么想要它)、时间(什么时候得到它)、方式(怎样才能做到)、外援(需要谁的帮助)。

在制定目标和计划之前,家长应该帮助孩子充分分析上面七个问题,然后将答案写下来,越充分越好,看看是否符合 SMART 法则等前面提到过的目标制定法则,然后以图文的形式展示出来。

当家长们帮助孩子完成了目标图的创建,接下来,就是关键而神圣的时刻——承诺书签署!让孩子确认过目标图和计划,在孩子自己确认过后,让孩子许下承诺,在目标图或目标承诺书(见下表)上签上自己的名字。在这个环节,不妨将仪式感做得更强一些,尽可能让孩子感受到承诺的重要性和庄严性,从而促使孩子更好地为完成目标而努力。

别等了,就现在!拿出你和孩子精心准备的目标图或目标承诺书,签署它,完成它!

目标承诺书			
序号	名称	名称简述	我的思考
1	梦想	我想要什么	
2	重点	我的重点是什么	
3	图画	看上去是什么样	
4	原因	我为什么想要它	
5	时间	什么时候得到它	
6	方式	怎样才能做到	
7	外援	需要谁的帮助	
署名			

[①] 布莱恩·梅恩(Brian Mayne):英国目标管理大师,代表作《目标的力量》。

第四章 线段公理：找出实现目标的最短路径

当我们设定了一个优质可行的目标后，就要去实现它。但在为达成目标而努力奋斗的过程中，我们常常会因为经验不足和受到一些干扰因素的影响，从而导致在实现目标的过程中，走了很多不必要的弯路，既浪费了时间成本，也浪费了大量的人力成本。如果我们可以在目标实现的过程中少走一些弯路，对于我们快速实现目标会起到很强的促进作用。那么，面对这样的现实问题，我们究竟要如何做呢？

几何定律中有一条定律叫线段公理，即两点之间，线段最短。其实，目标也可以简单看作两个点，即起点和终点，那么起点和终点之间的那条直线，就是实现目标的最短距离，也是最优解。

孩子受到年龄和阅历的制约，在目标实现的过程中，走错路、走弯路的概率要比成年人大得多。最常见的就是，孩子在学习中，经常由于一个小细节没搞懂，例如在课堂上有一个公式的用法没听明白，接下来就会出现无止境的与之相关的错误。有时候，孩子还会在同一个地方反复出错。如果置之不顾，时间长了，可能就会因为这样一个小问题，导致最终的大目标（例如学业考试）的失败，因为即使是小问题也会耗费孩子很大的精力。这都属于走弯路，会极大地影响孩子目标实现的进程。

所以，我来帮各位家长支几个招，希望能够帮助到你和你的孩子。

第一，关注规则，践行规则。

任何一件事，不论是一场考试、一次比赛，还是一局游戏、一道题，都有着独一无二的规则。规则是任何事情的起点，如果不遵守规则，就会被规则所惩罚，就不可能把事情做好。孩子在做事情之前，家长应该更好地帮助孩子了解规则，熟悉规则。例如，一场球赛，哪些行为属于犯规，哪些行为属于允许的技巧。又如，做一道数学题，必须先搞懂相关的数学定理和公式，才能在百变的题目中发挥自如，游刃有余。如果最基础的数学定理都没弄懂，那么无论做多少题目练习，也是于事无补的。所以，避免走弯路的第一原则就是：关注规则，践行规则。

第二，不懂就问，获得外界经验协助补充。

子曰："敏而好学，不耻下问，是以谓之文也。"学问学问，有学就有问。就连至圣先师孔夫子这样的大儒，都会坦然承认自己不会的事情，做到不耻下问。所以，不懂就问，是一个很好的、能够让自己快速获取正确信息和少走弯路的有效途径。家长一定要培养孩子不懂就问的思维方式。孩子也许缺乏阅历和经验，但家长和老师以及孩子的朋友、同学，都可以作为很好的经验补充途径。孩子不会做的题，父母可能会。即使父母不会，孩子的老师也一定会。所以，孩子只要敢于提问，就能够快速获得对自己有益的信息和知识，可以极大地减少自己埋头苦干所花费的时间和精力，有助于快速进入下一学习阶段。家长也要多鼓励孩子养成不懂就问的良好习惯，千万不能为了不伤面子让孩子自己钻研，这样会对孩子造成很大的伤害。

第三，善于总结，让弯路只走一次。

你是否因为孩子总是在同一个地方跌倒很多次而苦恼？没错，这非常常见。如果没有有效的引导和帮助，孩子往往会在同一个地方上连续出问题。一方面，孩子本身因为年纪小、经验少，缺乏应对错误和困难的有效方法；另一方面，孩子常常只能看到错误的表象而忽略错误的根源。这就需要家长的帮助了。如何让孩子少走弯路，不在同一个"坑"里跌倒多次？办法有且只有一个，那就是错误总结。

错误总结指的是在一个错误发生后，立刻对该错误进行记录、分析、总结，并做好相应规避措施，防止下一次犯同一样的错误。一个简单的例子就是学校常见的错题本。学校的老师常常会要求学生准备错题本，将做错的题目记录在上面，然后做充分的分析研究，发现错误所在，连带着将相似类型的所有题目中可能出现的相同错误规避掉，从而达成有效学习的目的。由于孩子所面对的问题多半有迹可循，突发的、意料之外的独特问题少之又少。于是这种使用错题本的方法，就可以运用在孩子易出现的错误和问题中，能够有效地帮助孩子解决大部分问题。

无论是孩子还是家长都一定要切记，坦荡真诚地记录和分析问题，才算是有效总结。千万不要为了所谓的面子和一时的逃避心态，忽略了问题的本质。曾子曰"吾日三省吾身"，我们要善用总结，让弯路只走一次。

第四，"二八定律"，分清主次。

20世纪初，意大利经济学家维尔弗雷多·帕累托（Vilfredo Pareto）[①] 提出了著名的"二八定律"。他指出在任何一组事物中，最重要的只占其中一小部分，约占20%，其余80%的尽管是多数，却是次要的。

"二八定律"在我们的目标实现过程中也同样是起作用的关键法则。这要求家长帮助孩子制订计划和目标时，要让孩子分清主次。对于目标实现过程中的关键部分，要花费更多的时间和精力去完成；对于其他次要部分，则要尽可能地减少时间。有效地分清主次，对于目标实现过程中的时间把控和资源节约是能够起到积极作用的。

第五，善用工具，科学执行。

在目标的实际执行过程中，工具是提高执行效率的利器。科学的方法和工具可以促使效率的提升和完成质量的提高。常见的效率工具有番茄时钟、待办清单、GTD时间管理法等。这些方法和工具现在只需要了解即可，在本书后面章节会有详细阐述。

[①] 维尔弗雷多·帕累托（Vilfredo Pareto，1848—1923）：经典精英理论的创始人，社会系统论的代表人物。

第五章　有效坚持和无效坚持

前面我一直都在讲家长如何帮助孩子设定一个科学的、优质的、合理可行的目标。但作为家长的你，有没有思考过这样一个问题，当距离目标时限越来越近，而你的孩子达成目标的可能性却在逐渐降低的时候，你该如何选择，是继续坚持，还是就此放弃？如果忽略现实问题，一味地继续努力，可能只是花费了更大的代价走向了注定失败的结局。如果就此放弃，你可能又会因为已经付出了这么多的努力而心有不甘，又或者怕自己判断不准，万一只是黎明前的黑暗，放弃了就可能与奇迹擦肩而过。那么，当你遇到这种情况时，究竟该如何选择呢？

想要妥善地解决这个问题而不至于损失惨重，就需要先做一个判断：继续努力下去，究竟是有效坚持，还是无效坚持。

讲到有效坚持和无效坚持，就不得不提一个经济学概念——沉没成本效应。沉没成本效应（sunk cost effects）是指为了避免损失带来的负面情绪而沉溺于过去的付出中，选择了非理性的行为方式。这种理论认为，人们存在自我申辩的倾向，不愿承认自己以往的决策失误，因而总是希望与先前的选择保持一致。也有一种解释是说人们都有赌徒心态，都有由于想要弥补过去产生的损失而不愿放弃的心理。

所以，在决定继续坚持还是放弃之前，家长要先扪心自问，是否有受到沉没成本效应的影响，这样才能做出正确的决定。

举个例子。

假设有一个正在上六年级的孩子，家长最初给孩子制定的目标是考上全市最好的中学。但随着时间的推移，家长逐渐发现，无论怎么努力，孩子都无法实现这个终极目标，就要临近升学考试了，这时候家长该如何是好？我猜这种情况下家长一般会做下面几种选择。

选择1：放弃目标

随着目标时限（升学考试）的临近，家长由于看不到任何希望，选择放弃。随之而来的就是来自家长的各种负面情绪和心态转嫁到原本就可能心态不佳的孩子身上。家长和孩子都选择了在最关键时刻放弃，最终孩子的学业考试可能会以惨败告终。

选择2：死撑，决不放弃

家长虽然看不到希望，但由于之前花费的精力和努力，不舍得就这样放弃，于是决定忽略问题，死撑！随之而来的就是家长将各种负面情绪强加到孩子身上，可能还会给孩子强加很多临时的量化指标，增加孩子的课业压力。最后，大概率是以失败告终，孩子可能连正常水准都发挥不出来。在孩子不产生抗拒心理和没有错误估计形势的情况下，也有极小概率达成目标。

选择3：继续努力不放弃，临时调整目标值

家长意识到目标无法实现，从而根据孩子当前的真实水平，和孩子沟通后，调整期望目标。将原本"考上全市最好的中学"的目标，调整为"考上一个较为优质的中学"，降低目标期望值和难度。只要家长能够真正科学评估孩子的能力和目标可行性，自己和孩子保持良好的心态，就极有可能实现调整后的目标。

从上面的例子中可以看到，即使是在原定目标无法完成的情况下，家长不同的选择也可能带给孩子不同的结果。毫无疑问，选择放弃，所有努力就都会白费，选择坚持至少还有希望。但如果是选择死撑般的坚持、毫无策略的坚持，那多半属于无效坚持，成功的可能性微乎其微，最终失败后受的打击会更大。然而，任何困境都有生机。家长和孩子只要及时根据实际情况调整目标，及时调整心态，重塑孩子的自信，就依然能够柳暗花明，绝境逢生。

那么，还有别的情况吗？当然有。当目标完成进展顺利时，就只需要加强家长自身和孩子的心态建设了，随时保持良好的心态，努力加强练习，将原本100分的能力发挥出120分的水平来，以完胜的姿态达到目标，这才是我们喜闻乐见的结果。

设定科学的目标很重要，科学的目标能够为努力过程的顺利进行提供保障。科学的目标决策很重要，科学的决策可以让人少走弯路，快速精准地抵达目的

地。科学的目标坚持很重要，有效坚持是目标得以实现的最后保证。除此以外，家长的关心和陪伴才是最重要的。只要你不抛弃、不放弃，你的孩子就一定会给你一个令人欣慰的结果。

努力吧，亲爱的家长。
加油吧，可爱的孩子。
光明的前途就在那里。
绚烂的梦想就在那里。
迈开你坚定的步伐，
奔跑吧，追寻吧！

战胜拖延编

质胜于华，行胜于言。

第一章　拖延症小测试（皮尔斯测试）①

> 拖延等于死亡。
>
> ——格言

你的孩子有拖延症吗？不妨先做个小测试吧。见下表。

1. 孩子将任务推迟到了不合理的程度。
2. 不管什么事情，孩子只要觉得需要做，就会立即去做。
3. 孩子经常为没有早些着手任务而后悔。
4. 孩子在生活中的某些方面经常拖延，尽管他知道不应该这样做。
5. 如果有应该做的事情，孩子就会先做完它，再去做那些次要的事情。
6. 孩子拖得太久，这令他/她的健康和效率都受到了不必要的影响。
7. 总是到了最后，孩子才发现他其实可以把时间用在更好的地方。
8. 孩子能很妥善地安排自己的时间。
9. 在本该做某件事情的时候，孩子却会去做其他的事情。

皮尔斯拖延症小测试计分方式		
序列	孩子项目表现形式	得分情况
一	孩子不会或极少这样	1分
二	孩子很少这样	2分
三	孩子有时这样	3分
四	孩子经常这样	4分

---

① 皮尔斯测试：该测试取自加拿大著名的拖延心理学家皮尔斯·斯蒂尔的《拖延心理学》一书。

续上表

序列	孩子项目表现形式	得分情况
五	孩子就是或总是这样	5分
特别注意：第2题、第5题、第8题与其他题目计分方式不同，为反向计分		

计分方式：将上面9道题目的分数相加，即为拖延症测试总分数。

测试结果见下表：

皮尔斯拖延症小测试计分结果公示			
得分情况	得分在人群中的分布		评价展示
	分布等级	分布比例位置	
19分及以下	最低（底部）	10%	"要紧的事先做"是你的座右铭
20～23分	较低（底部）	10%～25%	—
24～31分	中等（腰部）	50%	平均水平的拖延者
32～36分	最高（头部）	10%～25%	—
37分及以上	最高（头部）	10%	"明天吧"是你的口头禅

第二章 你的孩子有"拖延基因"吗？

根据美国和加拿大的一项研究数据表明，大约有20%的普通人每天都会出现拖延行为。那么，根据世界人口比例推算，全球就有接近15亿人口患有不同程度的拖延症。

北京晚报等机构也曾发表文章表示，在中国也有相当庞大的人群患有拖延症，这其中以大学生和职场人士居多，另外有八成以上的大学生和职场人士声称自己患有拖延症。

从上面的数据我们可以看出，拖延行为似乎已经成为一种全新的全球"大流行病"，已经在全世界范围内蔓延开来，令全球经济、政治等方方面面都蒙受着拖延症带来的损失。美国在线和Salary.com两家公司曾联合调查了超过一万人的工作习惯，调查结果显示：每8小时工作时间中就有超过2小时被用于拖延，这其中还不包括午餐和规定的休息时间。我国第七次人口普查最新数据表明，我国有接近8.94亿劳动人口，人均每小时产生的GDP价值约为25元人民币，如果按照每人每天拖延2小时来计算，每人每年就有超过18250元人民币的劳动价值因为拖延行为而被白白损失掉，全中国每年因为拖延症带来的直接经济损失就有16.3万亿元人民币。

如果你觉得全球局势、国家大事距离我们的生活太远，那就再说说我们普通人生活中的那些拖延行为。你的孩子是否喜欢赖床不起？是否睡觉前总是有各种借口拖拖拉拉？如果你的孩子每天赖床晚起1小时，再因为玩手机、游戏等原因晚睡1小时，那么他/她的一天就被浪费掉了2小时，一年下来就是730小时，约30.42天，相当于大约一个月的时间因为拖延被浪费掉了。如果可以解决这种拖延行为，你的孩子就相当于每年比别人多出了整整一个月的时间。有这多出的一个月的时间，他可以做数千道练习题，看好几本书。

那么现在你能明白拖延这种行为的严重性了吗？

你知道拖延症究竟是什么吗？你知道拖延症的"病因"有哪些吗？

拖延症英文写作"procrastination"。有语言学家认为它由两个拉丁词根组合而成，分别是"pro"和"cras"。前者的意思是"向前"，而"cras"则是"crastinus"的缩写，意思是明天。合起来大概意思就是"把事情放到明天"。

简单来说，拖延症就是指在能够预料后果有害的情况下，仍然把计划要做的事情往后推迟的一种行为。美国佛罗里达州立大学的罗伊·鲍曼斯和戴安娜·泰斯的研究成果表明，拖延症是一种自我约束失败的形式。

拖延症这个概念的首创者和提出者目前已然无从知晓，但可以推测应该是一位心理学研究者。在过去，拖延症一直被当作一种精神心理病症来研究，因为严重的拖延症会直接影响个体的身心健康，例如产生负罪感、自我否定感，甚至导致抑郁症等严重的心理疾病。然而，2019 年，德国波鸿大学的 Erhan Genc 等人在《社会认知与情感神经科学》杂志上发表了一篇论文提到"拖延行为可能与基因有关"。

该研究表明，大脑中的杏仁核区域参与情绪处理，杏仁核区域越大，人就越容易产生放弃的想法。该团队研究了大约 280 名健康成年人的调研数据，试图寻找影响杏仁核的基因模式。他们发现了一种影响大脑多巴胺释放的基因，该基因负责编码酪氨酸羟化酶（tyrosine hydroxylase，TH），它的表达决定了大脑中包括多巴胺在内的各种儿茶酚胺递质的数量。科学家们还对志愿者的决策相关行动控制（action on decision，AOD）进行了研究，AOD 分数越低，越容易出现拖延行为。研究发现，影响大脑多巴胺释放的基因的突变与拖延倾向有关。

这项研究一问世就引起了社会各界的广泛讨论，广大拖延症患者纷纷表示原来自己并非自控力有问题，而是因为有"拖延基因"。但事实真的如此吗？"拖延基因"可能真的存在，但绝不是人们拖延的理由和借口。大多数人的拖延行为主要还是受到冲动和诱惑的影响所导致的。皮尔斯曾说："诱惑的吸引力越大，我们就越不干正事儿。"说的就是这个道理。

让我们回到孩子的教育上面来。作为家长，帮助孩子做到了良好的情绪管理，设定了看起来很美好的目标，然而却突然发现，你的孩子迟迟不肯行动。即使目标再美，不去做，也就永远不可能实现。拖延症作为孩子成功路途上的一块巨大的绊脚石，我们必须要将它挪开。

接下来，我们一起来看看，造成孩子拖延行为的原因，以及拖延行为带来的危害和解决办法。

你的孩子有拖延症吗？

如果你已经为你的孩子做了前面的拖延症小测试，就应该已经有了答案。如果你还犹豫不决，就再仔细想想你的孩子平时是不是喜欢赖床，是不是在写作业时总是拖拖拉拉。如果是，那么你就得承认你的孩子可能患有拖延症这个事实。

你或许要问，孩子为什么会有拖延症？难道孩子真的是因为受到了"拖延基因"的困扰吗？经过多年的研究与观察，我认为造成孩子拖延行为的原因大致有如下几点。

先天性生理因素

前面提到，"拖延基因"的存在已经被研究所证实。大脑前额叶皮层功能区是主要负责人的计划、控制、执行相关的行为内容的大脑区域。一旦大脑前额叶皮层受到损伤或因为某些原因而变得不够活跃，人们的计划、控制和执行能力就会明显下降。如果你的孩子不幸因为先天生理原因导致产生注意力差、自控力与执行力弱等现象，那么，作为家长一定不能过分地要求孩子，而应该多些耐心，多鼓励孩子，积极引导并让孩子接受相关的医学治疗。

生理缺陷是无法预料的，但并非不可改善。有生理缺陷的孩子，只是在起步上比别人稍稍慢了那么一点点。经过后天的康复训练，再比常人多付出一些努力，他们同样可以进行正常的学习和生活。

后天心理因素和行为因素

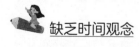
缺乏时间观念

患有先天生理缺陷的孩子毕竟是极少数，我们不能将所有孩子的拖延行为都推脱到"拖延基因"上去。大部分孩子的拖延行为其实都是来源于心理因素和行为因素的影响。最常见的因素就是时间观念的缺乏。如果作为家长的你从未向孩子灌输过时间很宝贵或者类似的理念，那么你的孩子就很难拥有时间观念。一个没有时间观念的孩子，打心眼里就不会认为拖延行为是对宝贵时间的一种浪

费。因为他们在根源上就缺乏相应的认知。既然如此，孩子就不会意识到自己的拖延是一种错误的行为。

干扰与诱惑

皮尔斯说过："靠近诱惑是拖延的致命性决定因素之一。"[①] 他认为，在诱惑面前每个人都意志薄弱。诱惑的吸引力越大，人们就越不干正事。随着诱惑程度的增加，拖延的程度就会随之加重。

在日常生活中，太多的干扰因素随处可见，时时刻刻都在影响着我们每一个人。关于事物的有趣程度和诱惑程度，我们每个人都有一套清晰的自我认知，就连孩子也不例外。对孩子来说，学习和作业这件事，可能是所有事情中最无聊，也是最令人厌烦的了。这时候，如果再有一些外界的干扰，孩子们就极易受到影响。或许只是一只飞过台灯的小虫，都能够让孩子的思绪飞到九霄云外，更别提仅仅一门之隔的电视机发出的巨大声响了。

举个例子。

吃过晚饭，到了小明晚上写作业的时间了。

妈妈："小明，赶紧去屋里写作业。"

小明："啊……我想等会儿去行吗？"

妈妈："为什么要等会儿？"

小明："我想看完这集电视。"

小明看着电视里的剧情正进行到精彩的地方，不舍地说道。

妈妈："去写作业！现在！"

妈妈严厉地下了死命令。小明不敢反抗，于是不情愿地磨磨蹭蹭地走进了自己的书房。

书房里，小明坐在椅子上，耳朵却听着门外电视里传来的声响。他在椅子上好像很不舒服似地扭动着身体，反正就是不想学习。

"咦？这不是昨天小华借我的漫画书吗？"（小明看到书架上的漫画书，想都不想就拿了出来）

[①] 引自皮尔斯《拖延心理学》。

十分钟后,小明听到了妈妈的敲门声,赶忙把漫画书藏在屁股下面,假装苦思冥想地在写作业。妈妈离开后,小明知道不能再看漫画书了,否则要被妈妈骂的,于是拿起笔准备写作业,突然,楼下传来了一阵救护车的声音。

小明赶忙跑去窗边望向下面,对着门外喊道:"妈妈,楼下有辆救护车。"

妈妈:"外面救护车跟你有什么关系,赶紧写作业!"

小明闻声坐回到椅子上,突然看到一只小虫子飞了过来。

小明:"妈妈,有虫子。"

妈妈:"在哪?我帮你赶走它。"

此时,从小明进到书房开始,时间已经过去一个小时了,小明却一个字都没有写。

这个例子告诉我们,孩子非常容易受到周围环境的干扰。可能只是无关紧要的声响,也可能就是一只路过的飞虫,都会成为孩子产生拖延行为的原因。而且,这种因干扰因素而造成的拖延行为对孩子来说是很难自己意识到的。

抗拒心理

当一个人厌恶一件事情,就会本能地产生抗拒心理。孩子的拖延行为很有可能是因为抗拒心理所致。这与孩子的个人喜好有关,例如,让一个很喜欢数学的孩子去做他最讨厌的语文作业,他就会表现出抗拒。也与家长的不当行为有关,比如,家长承诺了如果孩子认真完成作业就给孩子零花钱,但孩子做到了家长却反悔,拒绝兑现承诺,这就会导致孩子从此不再相信家长的承诺,甚至包括抗拒写作业这件事情本身。

有时候,家长过分催促也会导致孩子产生抗拒心理。假设孩子自己设定了一套切实可行的目标和行动计划,那么他/她就一定会希望按照自己的计划去执行。然而,一些急性子的家长总是觉得孩子的行动慢了,随之产生各种各样的担心与焦虑,从而演变成对孩子没完没了的逼迫与催促。有句话说得好:"家有拖沓童,必有催促娘。"你越催,孩子就越磨蹭。家长一定要先了解孩子自己的行动计划,再去做相应的约束和监督。尽量避免简单粗暴的催促和干涉,不要将自己的焦虑转移到孩子身上,这样只会适得其反。

举个例子。

假设有这么一个孩子,他一周可以看一本课外书,于是他给自己制订了一个读书计划,计划用12周时间看10本书。我们看到,这个孩子对自己的阅读能力有着清晰的认知,而且还懂得劳逸结合,给自己放了两周假。但是,当这个孩子拿着计划去向家长"邀功请赏"的时候,却得到了意料之外的回答。

家长看了他的计划后,强行改成10周读11本课外书,因为家长也知道孩子一周能读一本书的能力,认为孩子努努力就能达到这个目标。原本还挺开心的孩子一听到家长的话,瞬间脸色难看了起来。

于是接下来,无论父母如何催促,孩子都保持着自己的速度,而且有时候催促烦了,还会叛逆地拒绝读书,结果10周下来,别说11本书了,就连一半的阅读量都没达到。

看完案例,你一定在想这是为什么呢?很简单,就是因为孩子不愿意这么干。有了反抗心理,必然会产生抗拒和拖延。

完美主义和强迫症

很多情况下,太过于想把一件事做到完美,也会导致拖延行为的发生。如果你的孩子并没有抗拒心理,却依旧产生拖延行为,那么不妨思考一下,是不是完美主义牵绊住了孩子的脚步。也许,孩子只是想要在事情正式开始之前,将一切都准备妥当。但也许就是这样一个过程,导致了整个事情的执行与计划被打乱、被延后。更有甚者,可能会一直处于准备阶段,迟迟不肯真正地行动起来。

举个例子。

秦小迪是一个凡事都力求完美的孩子。其实她并不是天生如此,而是因为在曾经的一次考试中,因为她真的听从了老师"做完了题目一定要多检查几遍"的叮嘱,确实检查出来了一些极难发现的小错误,从而在那次考试中得了满分,得到了老师和家长的奖励和赞扬。从那之后,她就在内心告诫自己,凡事一定要多做准备,力求完美,这样才能做到最好,才能得到师长欣慰的赞赏和同学羡慕的眼光。当然,秦小迪追求完美的想法,确实也让她得到了她想要的一切,于是,她更加笃定地坚信完美的重要性。

有一天课后,班主任老师叫秦小迪来到自己的办公室。原来,班里马上就要举办学期末班级联欢晚会，老师想要班里出色的几个孩子一起完成一场舞台剧的创作和表演，届时在联欢晚会上进行演出。秦小迪凭借以往优秀且认真的表现，被老师任命为道具组组长，并且安排了2位心灵手巧的同学与她合作，一起专门为这场演出制作一些精美的道具。另外被挑选的还有班上的"故事大王"王晶晶和"小歌神"莫小婉，她们都是班上出色的孩子。

被委以重任的秦小迪顿时干劲儿十足，拉起自己的2个小伙伴就开始设计道具，想点子，一个下午的时间，兴致勃勃的秦小迪就和大家想了四五个方案出来。这其中大多数是秦小迪一个人想出的点子，同学们都对她很是佩服。老师也对秦小迪的工作非常满意，甚至直接挑选了一个方案，让秦小迪她们开始按照方案执行就好了。秦小迪见到同学们佩服的眼光和老师满意的表情，心想这个方案其实还不是最好的，一定会有更好的方案，于是秦小迪自作主张，拉着小伙伴们又想了3天时间。这期间，她还真的又多想出了一些好方案，但这时候，她的2个小伙伴却不再是第一天那样对她一脸佩服了，而是对秦小迪坚持让她们放学不回家继续想点子的事儿表示不满。

2个小伙伴都觉得第一天的方案已经很好了，她们不明白秦小迪为什么就是不满意，还要浪费大家的时间。时间又过去了2天，秦小迪依然对现有的点子不够满意，想要做出更好的方案来。但2位同学已经拒绝和她一起做事了，甚至在背后向老师告了状。老师一听也急了，原本第一天的方案如果开始准备了，现在应该已经做出成品了。可现在居然因为秦小迪要想一个更好的方案，就过去了5天时间，什么也没开始做。但是3天后，晚会可就要开始了啊！于是老师气愤地将秦小迪叫到办公室，严厉地批评了她，并且当场剥夺了她道具组组长的职务，由另一个同学担任，制作道具的方案还是第一天她想出来的那个。

3天后，晚会成功举办，演出也很成功。老师开心地赞美并且奖励了每一个参与这次晚会筹划的同学，而这其中并没有秦小迪。

夜里秦小迪窝在被窝里哭红了眼睛。她不明白，为什么明明是自己的点子，而且自己也想要努力做到最好，却被同学嫌弃，被老师批评。她始终想不明白。

秦小迪想不明白的事，你想明白了吗？没错，这就是因为完美主义所导致的拖延。有时候，追求完美是一种有追求的体现，但追求完美也可能会成为事情发展的禁锢和枷锁。

冲动与顾虑

皮尔斯认为，冲动是导致拖延的根本原因。易于冲动的人往往对任务会做出焦虑的回应。也正是因为对最终期限的焦虑，直接导致了拖延行为的发生。试图暂时逃避那些引发焦虑的任务，甚至短暂地将它们屏蔽掉，是冲动型人格的人在面对任务时，常常会做出的自我保护性策略。冲动会让人失去耐心，他们对于这种缓慢的具有延迟性的满足感接受度很低，从而极易产生拖延甚至提前放弃的念头。

懒惰与心理舒适区

懒惰是导致拖延的又一重要因素。很多情况下，孩子表现出拖延行为并非生理或者心理问题所致，而是因为懒惰。懒惰的孩子，做任何事情都会缺乏动力。拖延是他们做事的第一选择，所以懒惰也可以说是孩子成功路上的大敌。

不愿跳出心理舒适区，也是导致孩子产生拖延行为的重要原因。当孩子遇见具有挑战性的事情时，也许会本能地对其视而不见。明明当前状态很舒适、很安全，又为什么一定要参与到这些麻烦且多变的事情中呢？不愿跳出心理舒适区常常会表现为懒惰，有时也会表现为恐惧。

不明确的计划

当一个人有决策恐惧症时，那么他/她也一定会有拖延症。一般来讲，决策恐惧症是针对成年人来说的，而孩子的目标和决策在大多数情况下都是在家长的帮助下制订完成的。在本书的"目标管理编"里，我和大家分享了目标的制订与拆解的相关方法。当缺乏一个易于执行的目标时，也会容易导致孩子产生拖延行为。因为在孩子无法分清轻重缓急，甚至完全不知道下一步该怎么做的情况下，拖延也就很自然地产生了。可以说，这样的案例在生活中比比皆是。

家长行为影响

家长是孩子的专属训练师，但一不留神，就可能会成为孩子成功路上的"专属绊脚石"。很多家长总是事无巨细地为孩子包办一切,这就导致孩子在面对任何事情时,都会率先想到依赖家长,从而导致孩子逐渐失去自我意识和自我主观行动力。控制欲过于强烈,是家长包办行为的根本原因。有时候,长辈的溺爱也会导致这类现象的发生。只要你用心观察就会发现,那些被娇生惯养的孩子,大概率都会表现出明显的拖延行为。所以,各位家长一定要注意自己日常的教育方式,避免让自己的"爱"伤害到孩子的成长。

再者,家长的某些不恰当行为成为反面教材,也会导致孩子行为的变化。就好像我前面提到的那样,家长在门外看电视,声音还放得很大,却让孩子在书房里写作业。你觉得孩子能够踏踏实实地认真学习吗?而且,有些家长自己做事情就是拖拖拉拉的,承诺了也不去兑现,这些不当行为,全部都会被孩子看在眼里、记在心中。正所谓言传身教,家长自己的行为出现了偏颇,就不要怪孩子见样学样。因此,作为家长,一定要为孩子做出正面的好榜样。

 孩子待价而沽的心理

我在本书中曾提到过,家长可以适当地设置一些物质奖励来增强孩子的满足感,从而促使孩子达成目标。但我也曾提出了警示,表示物质奖励一定要坚持适度原则。因为一旦奖励过度,孩子就很容易产生一种每次做事都一定会有奖励,甚至产生必须先有奖励和承诺才会去开始做事的负面心态。对于这种"不见兔子不撒鹰"的情况,即使目标已经设置完毕,待办事项就摆在孩子面前,孩子也不会去主动执行,直到你许下承诺或者提前给予奖励孩子才会开始行动。这无意间就造成了进度的拖延和时间的浪费。所以,家长在日常亲子教育过程中,一定要坚持适度原则,避免孩子产生待价而沽的心理。

举个例子。

小华上次数学考试考了90分,比前一次提高了近10分。妈妈兑现了承诺,给小华买了一辆遥控汽车,并声称,如果小华在下一次考试中数学成绩能再提高5分,就再满足小华的一个愿望,想要什么都可以。

小华听到妈妈的话,显得非常兴奋,张口就要一个垂涎已久的奥特曼玩具,妈妈欣然应允。过了两天,妈妈见小华并没有什么明显的学习动作,就问他原因。结果小华说他有点后悔,他不但想要一架奥特曼玩具,还想多要一架遥控飞机。妈妈闻声，心想只要孩子努力，多买一件玩具也不是什么大问题，于是就答应了。

结果，过了一阵子，小华依然没有认真学习，反而又来向妈妈提出新的要求，还表现出一副你不答应我，我就不好好学习的态度。妈妈很生气，把小华狠狠地臭骂了一顿，就连一开始的承诺也都一起否定了。

小华没得到自己想要的，于是他拖着不做作业，想要逼迫妈妈再次答应他的要求。而妈妈也因为感觉到了"被胁迫"而就是不答应。于是两人僵持了好久，直到最后，小华在考试中只得了70分，他和妈妈都什么也没得到，结果反而变得更糟了。

你看，当奖励的行为不加以约束，就可能出现这种情况，拖到最后，对谁都没有好处。

借口与自我欺骗

对于无法预知和确定结果的事情，或是已经预知到结果不佳的事情，人们通常会产生焦虑与恐惧心理。在这种情况下，人体的自我保护机制就会开始运作起来，借口与自我欺骗就是其中的表现之一。我们往往会说"距离截止日期还有好几天（周）""我很容易就能做完这件事""截止日期的压力有助于我更出色地完成任务"等这样的话语，为自己的实际行动无动于衷找各种各样的理由与借口。这样的话说得多了，甚至我们自己都会不自觉地相信了"谎言"。其实，你的理由只是你拖延的借口罢了。

第三章　拖延症的危害

了解了造成孩子拖延行为的原因后，我们再来看看拖延这件事会对孩子造成怎样的危害。

虚度光阴，错失良机

有句格言说得好：拖延等于死亡。没错，拖延是一种对生命和时间的无形浪费。严重的拖延症患者，甚至会终日无所事事、无精打采。他们往往什么事也不想做，也不愿做。他们一直被困在"明日复明日，明日何其多"的拖延怪圈里无法自拔。如果用一个词来形容他们的状态，那就是"虚度光阴"。

当你的孩子说出"等我准备好了再去学钢琴"的时候，隔壁家的孩子可能已经钢琴十级了；当你的孩子说出"这学期才刚开始，时间还有很多"的时候，隔壁家的孩子可能已经开启了一项全新的学习计划，做到快人一步地开始了学习；当你的孩子说出"我已经有一个比所有人都棒的想法了，只是需要时间完善和验证"的时候，隔壁家的孩子可能已经将一个不那么完美的想法做到极致了；当你的孩子说出"不是我不做，我现在只是在等一个机会"的时候，隔壁家的孩子可能已经创造并抓住这个机会了。

曾经有位家长向我抱怨说自己的孩子在音乐和体育方面都有着很好的功底，原本是打算在中考时走特长生加分这条路的，但最终没能成功。不但没能成功，反而连正常的学业也被耽误了，最后只考上了一个很普通的中学。这个孩子我是认识的，确实如同他的家长所言，他在体育和音乐方面都有着很强的功底，他所在学校的体育教练和音乐老师甚至曾经因为抢他还发生过冲突。但就是这样一个孩子，怎么会得到这样一个坏结果呢？

原来是他在选择上出现了困扰。正是因为他在音乐和体育两个领域都很优秀，导致他很难做出抉择。在两难之间，他选择了"拖"字诀，总想着过阵子想清楚就能做决定了，但始终没能做出决定。直到他的家长实在是着急了，催着他做决定的时候，才发现无论是音乐老师还是体育教练都已经有了自己的合适人选，特长生的名额和训练也已经排满了，无法再接收新的学生了。就这样，他失去了能让自己发挥优势的机会，而且也因为他一直认为自己有的是出路，连日常学业也落下了。就这样，结果惨淡收场。

当我听到这位学生的遭遇时，我深深地替他惋惜。一个被争抢的人才，就因为难以抉择，拖了一阵子，大好的机会就这么白白流失掉了。

拖延会导致光阴虚度、错失良机。好的想法转瞬即逝，如果不及时执行，就可能会被别人发现，或者在你的好想法还未实现的时候，别人已经提出了更好的想法。机会不等人，如果你一直在等待机会，那么机会永远不会出现。好想法会败给慢动作，大机遇会败给小拖延。所以，拖延的人生注定是失败的人生。

慢一步，全盘皆输

人生就像逆水行舟，不进则退。为了能够拥有更好的未来，需要我们更加努力。然而，拖延却是努力的天敌。在大潮中争渡，争的就是快人一步。然而，拖延却总是让人慢下来，随之一点点地丧失竞争力，埋没在茫茫人海之中。慢一步，不可怕，努力追上就好了。但拖延会让你一慢再慢，如果不及时加以约束和改变，就会慢一步，满盘皆输。

给大家分享一个关于时间不等人的小故事。

期末考试前一天的晚上，早已经复习好功课的熊小芸窝在沙发里玩手机游戏，墙上时钟的时针已经指在了大大的数字"11"上面了。

妈妈见时间不早了，就催促她说："小芸啊，都晚上11点了，你明天还要考试，赶紧睡觉了。"

熊小芸闻声，瞥了一眼挂在墙上的时钟，又看了看手里的游戏，说道："知道啦，咱家的时钟这不是快了10分钟么，还没到晚上11点呢，我等一会儿就睡。考试没问题的，以我的水平，怎么也能考个班上前十吧。一点也不用担心！"

妈妈闻声，点了点头，叮嘱她定好闹钟，早点休息，别耽误明天的考试，然后就先去休息了。墙上时钟的指针一分一秒地跳动着，眼看着 10 分钟过去了，熊小芸看到了时间的变化，但没有妈妈的催促，就想着反正也不着急，11 点半睡觉也是可以的，就又开始了新一局的游戏。指针一点点地走到了 11 点半，然后又一点点地走到了 12 点。这中间，熊小芸因为饿了，还去冰箱里拿了一个面包吃。等熊小芸感觉到困意，再看墙上的时钟时，才惊恐地发现，时间已经到凌晨 1 点半了。

熊小芸赶忙放下手机，快速地跑去洗漱了一番，当她躺在床上的时候，时间已然接近凌晨 2 点了。熊小芸原本应该是早上 8 点起床的，但是她想了想，早上 9 点半开始考试，似乎 8 点半起来也没问题，起床洗漱吃早点最多半个小时就搞定了，而且家里距离学校很近，也就 10 分钟的路程。她想了想，觉得问题不大，于是把闹钟设定为早上 8 点半。

次日早上，刺耳的闹铃声响了起来，熊小芸却因为昨夜睡得太晚，挣扎了半天才起来，原本 8 点半的闹钟就已经比计划晚了半个小时了，这再一拖延，熊小芸起床的时间已经是 8 点 50 分了。熊小芸慌慌张张地赶紧穿衣洗漱，终于在早上 9 点前完成了起床准备。她刚想看看妈妈准备了什么早餐，却突然感到一阵腹痛，坏了，似乎是昨天夜里吃的那个面包吃坏肚子了，她不得不冲进了卫生间。等她从卫生间出来的时候，时间已经是 9 点 10 分了。

距离开考还有 20 分钟，熊小芸也顾不上吃饭了，赶忙随手抄起书包，快速冲去了学校。还好，熊小芸在开考前 5 分钟到达了学校，但这个时候，她惊恐地发现，她忘带准考证和文具了。原来，昨晚她专门将文具和准考证单独放在一边，准备玩完游戏就装进书包里的，却因为睡得太晚给忘了。回家拿文具和准考证要 10 分钟，但考试马上就开始了。

熊小芸因为刚刚跑到学校而喘着粗气，而且因为没睡好，没吃饭，还闹肚子而面色苍白。她呆呆地站在考场外，不知道该如何是好，迷茫而无助。

你看，故事中的熊小芸，她的学习成绩很好，复习也做得很及时，她压根就没有担心过考试会出现失利的情况。但你看完故事，觉得她接下来还能顺利完成考试吗？答案已经很明显了，她不但没有休息好，没有吃早餐，还闹肚子，再加上从家里奔跑到学校的劳累，她的身体已经处于一种对接下来的考试极为不利的状况了。这还没完，关键是她还没带准考证和文具，无论是回家取东西还是现场求助老师，都会耽误她正常进入考场的时间。就算是老师帮她解决了问题，突发的状况也会对她的心理造成影响，匆忙、焦虑、郁闷的心理状态也并不会那么容易马上就能消散掉。

这一切的一切，都会让这场原本对她来说毫无难度的考试变得无比艰难来。而导致这一切的根源，就是她一开始拖延了 10 分钟。有时候慢一步，并不会造成太大的困扰。但如果没有留意，就会慢第二步、第三步，乃至很多步。如此一来，这慢的一步就可能会导致满盘皆输。

你的健康毁于拖延

你或许只当拖延是一种心理病症，但你知道拖延可能会影响实际的身体健康状况吗？拖延行为的确无法直接影响我们的身体健康，但会造成一种很容易被人忽略的间接影响。拖延行为往往会耽误一些健康行为的执行，比如体育锻炼和健康睡眠等。

举个在生活中常见的例子。我们自己或者身边的朋友，基本都有过去健身房健身的经历吧。或许是因为肥胖，或许是希望拥有一个好身材和健康的体魄，很多人都会选择去健身房健身。于是，他们办了价值几千上万元的健身卡，买了很多运动装备，却只是在最初新鲜感还在的时候去了健身房一两次，之后就再也没有去过了。

这种现象非常常见。因为当我们办了健身卡，买了装备后，我们总会觉得有效次数和时间还有很多，不必急着去。卡上的消费次数就在那里，又跑不掉。而且，日常工作、家庭、娱乐可能都会很突然地影响和改变我们原本去健身房的计划。而往往这些干扰因素的优先级要比去健身房这件事情还要高得多。也有些人是因为懒，迟迟不愿意动弹，久而久之，健身卡的有效期眼看着就要结束了，而我们真正去健身的次数却屈指可数。

我们都知道健身能够增强体魄，但当你要去健身锻炼，却因为拖延导致健身计划流产，结果钱也花了，身体依然没有变得更加健康，甚至可能在这被浪费掉的时间里身体状况变得更差了。

如果你觉得去健身房这件事并不是每个人都有的经历，那我就再说一个最常见的拖延现象——赖床和熬夜。你是否因为每天清晨的赖床不起，使得你早起锻炼和读书的计划总是落空呢？你是否每天因为再来一局就睡的理由，一不小心就"鏖战"到天明呢？一天天过去，你的早起计划根本没有真正地执行过。你甚至因为赖床导致没时间享用早餐，严重的可能还会导致肠胃病。一天天过去，你的早睡计划也从来没有实现过。因为熬夜，你的生物钟紊乱，身体状况一天不如一天，每天顶着黑眼圈的你，无论是在学习上还是在工作上，都缺乏足够的精力去将事情做好。

久而久之，一次次小的拖延，不但会让你距离成功越来越远，而且会吞噬掉了你的健康。

深渊般的负罪感

我们都知道，拖延往往会带来糟糕的结果。所以，拖延常常与负面消极情绪有关。有研究发现，拖延行为并不能让人产生放松和开心的感受，拖延者并不会觉得开心，反而因为拖延导致的失败结果会更容易使人感觉到内疚，从而产生负罪感和焦虑感。如果拖延状况不加以改善，就会无休止地持续下去。同时，拖延者也就会无休止地积累焦虑情绪与内疚感，多重叠加之下，拖延者甚至会感受到一种如坠深渊的感觉，更有甚者，会生出厌世的情绪，做出伤害自己的极端行为。

我认识一个患有抑郁症的作家朋友。在我和他聊天的过程中，我发现他就有着很严重的拖延症。曾经的他是一个非常优秀的作家，许多刊物都找他约稿。但因为他的拖延，总是不能按照约定的交稿时间完成稿件的创作。久而久之，这位作家的约稿越来越少了，这也导致他的收入和知名度发生了断崖式的下跌。

按理说，影响已经如此之大了，他应该会对此采取行动才是，然而他并没有。也许是职业的原因所致，多愁善感的他陷入了深深的自责之中。他认为造成这一切的罪魁祸首就是他自己，是他自己一手造成了自己的失败，导致家庭经济困难。这种深深的自责逐渐发展成为愧疚和焦虑，之后发展成为严重的抑郁症。

事到如今，他依然没能走出自己内心的困局。他跟我说，每当他坐在书桌前准备写作的时候，那种深深的负罪感就会让他无法集中精力去进行创作。因为不能安心创作，又会继续产生焦虑和内疚，抑郁症也就变得更加严重了。他告诉我，他甚至产生过轻生的念头。他一直被困在自己内心的困局中，无法获得救赎。

你看，原本只是一个不起眼的拖延行为，也算不得什么太过严重的问题，但没有科学的方法约束，就会导致更加深层次的负面情绪出现。如果不及时纠正，就有可能演变为抑郁症。这非常可怕，所以，如果你也有类似的征兆与迹象，请及时注意问题的严重性，及时纠正，以免造成悲剧。

一粒老鼠屎，坏了一锅汤

上面我讲到的都是拖延行为对于个人的影响，但人作为社会性的动物，个人的行为一定会对其他人产生影响。拖延不仅会让个人受到损失，也会让团队乃至更大的范围因此受到损害。简单来说，大家应该都听说过木桶效应[1]吧。木桶的蓄水量，只取决于最短的那块木板。而拖延症患者，就可能是那块短板。所以，不要觉得自己一个人拖延无所谓，因为你的错误行为，可能会让更多无辜的人付出代价。

我们假设一种情况，如果一个团队在共同做一个化学实验，每一个人都被安排分配了精确到时间的任务。那么，只有这个团队所有人都完全配合到位才有可能最终达成成功实验的目的和结果。而只要有一个人，早一点或者晚一点执行了自己的任务，例如没有按照规定时间就倒入了某样化学试剂，就一定会导致整个实验的失败。

工作中也是一样，一个项目的成功，来自多人的配合和共同努力，这其中如果有一部分人因为拖延，没有跟上整体进度，就会直接拖累整体项目的进展，甚至会导致项目失败。

千万别觉得孩子就不会有这样的困扰，孩子也是人，也有社交行为。在学校里，一个小组共同做一个小实验，共同完成一个表演，都是很常见的团队合作行为。但如果你的孩子有拖延症，那么他的拖延并不只是影响他个人，而是会影响整个团体。这时，不仅仅是一件事、一个项目受到损害那么简单，而是你的孩子的社交属性会被破坏，其他受到影响的孩子会厌恶、孤立、排挤你的孩子，这样的结果相信是你不愿意看到的。

正所谓一粒老鼠屎，坏了一锅汤。虽然这句俗语表述肤浅粗鄙，但道理却很实用。如果你的孩子已经有了拖延的表现，那么尽快去帮助他纠正他的行为，别让自家孩子成为别人眼中的"老鼠屎"。作为社会的一分子，没有人可以独善其身，这不仅是为了自己的孩子，也同样是为了生活中的"别人"。

---

[1] 木桶效应，是讲一只木桶能装多少水取决于它最短的那块木板。一只木桶想盛满水，必须每块木板都一样平齐且无破损，如果这只木桶的木板中有一块不齐或者某块木板下面有破洞，这只桶就无法盛满水。

蝴蝶效应，麻烦风暴

1963年，美国气象学家爱德华·洛伦兹（Edward N. Lorenz）[①] 在一篇提交纽约科学院的论文中提出了著名的"蝴蝶效应"理论。"蝴蝶效应"指在一个动力系统中，初始条件下微小的变化能带动整个系统的长期的巨大的连锁反应。他说："一只南美洲亚马逊河流域热带雨林中的蝴蝶，偶尔扇动几下翅膀，可以在两周以后引起美国得克萨斯州的一场龙卷风。"

谈到"蝴蝶效应"，让我们再回想一下前面提到的熊小芸的故事。熊小芸因为玩游戏导致了睡觉这件事被拖延，从而导致了晚起、迟到、忘带文具和准考证以及身体状况差、负面情绪增加等一系列的麻烦。"多玩10分钟"的细小行为，最终能导致考试失败，还可能会导致家长的批评、同学的嘲讽、孩子心态的失衡，这像不像我们所说的"蝴蝶效应"？

所以，千万不要小看拖延这个看似不起眼的小问题。也许它真的无关痛痒，但也有可能，就在你看不见的地方，正在掀起一场可怕的"麻烦风暴"。

因此，我衷心地希望家长们能够认真地阅读本章内容，主动地去识别和验证你的孩子是否存在着拖延症与拖延行为。如果有，务必要做到及时发现、及时纠正。否则，无尽的麻烦可能正等待着你和你的孩子。

认真观察，仔细思考，然后再问问自己。

你的孩子有拖延行为吗？

[①] 爱德华·洛伦兹（Edward N. Lorenz）：美国气象学家，曾提出经典的"蝴蝶效应"。

第四章 如何帮助孩子摆脱拖延症

既然知道了拖延症的诱发因素和危害,我相信各位家长应该会更急切地想要知道该如何防止拖延行为的产生、如何帮助孩子纠正和改善拖延行为,以免在未来造成更大程度的伤害与损失。下面我就和大家讲几个解决拖延症的有效方法。

培养孩子的时间观念

在前面的章节提到过,缺乏时间观念是引发孩子拖延症的主要因素之一。当孩子无法意识到自己的行为是对时间的浪费,那就同样无法意识到自己的行为属于拖延。所以,针对缺乏时间观念这个"病因",我认为加强提升孩子对时间的感知度和敏感度是非常有必要的。

作为家长,你是否注意到这样一个现象。在日常生活中,我们常常提醒孩子当前的时间是怎样的,却很少让孩子关注某一段时间的长度和在这一段时间内能够做完的事以及能够实现怎样的价值。这就导致大多数孩子缺乏对时间的感知和敏感度。举个例子,家长陪孩子出去踢球,很多孩子只有在非常疲惫的时候才突然意识到时间不早了自己该回家了的事实。再举个例子,学校的课间休息 10 分钟,大多数孩子会在这个短暂的时间里,选择和同学们一起玩一些对时间要求不高的游戏。孩子们往往会觉得课间 10 分钟时间流速飞快,直到上课铃响起,他们的心思依然还在玩游戏上。不仅如此,在很多娱乐活动甚至是比较严肃的学习活动中,孩子们也常常如此,他们的注意力往往只集中在活动内容本身、自己的愉悦度或痛苦程度上,却很少有孩子会留意时间究竟过了多久。

缺乏时间观念的孩子,一旦遇上紧急的事情,受到来自外界的催促时,就会很容易陷入不知所措的茫然境地。即使有些孩子对外界的催促快速地做出了反应，也很容易在匆忙之间因为思虑不周而做出错误的判断，以致留给他们的时间越来越短，事情也越做越糟。

既然如此，家长们就要想办法帮助孩子增强时间观念，并增强孩子的时间感知能力和时间敏感度。对此，我们可以采用以下几种方法对孩子进行训练。

 利用计时工具，提高时间在孩子周边的存在感

想让孩子注意到时间，首先就要让孩子能够更加容易和便捷地获得时间信息。提高孩子外在的时间感知能力最好的方法就是手表、手环、闹钟等计时工具的使用。计时工具能够清晰直观地将时间展示在孩子面前，是孩子获取信息时间的最直接方式。各位家长不妨给孩子佩戴一块孩子喜欢的手表或手环等时间显示工具，以便孩子不会因为时间获取方式受阻而忽略时间。

 引导孩子观察时间环境的变化，提高孩子对时间的认知

在人类没有发明计时工具的年代，人类对时间的认知是通过观察日月起落和光线变化来实现的。虽然如今的我们不再需要通过观天象的方式计时了，但时间环境的变化依然是我们生活中最明显可见的时间感知途径。家长们可以通过看日出日落、观察月亮等孩子感兴趣的活动，有意地引导孩子注意到不同时间下环境的光线和温度变化。这会给孩子一个清晰的时间感知，而这份感知一旦留下种子，就会在每天的不断加强行为里生根发芽。久而久之，孩子会逐渐对时间拥有自己的判断，建立起一套属于自己的时间感知体系。他们会知道天微微亮时要起床，皓月当空已然是时间不早，夜深人静就要回家睡觉。

 通过愉悦感和痛苦感训练孩子的时间敏感度

当孩子构建了自己的时间认知后，接下来设法让孩子提高时间敏感度就是重中之重了。所谓时间敏感度，就是在不同情况下，时间的真正流速和孩子感知的差异。

举个例子。当孩子被逼着写作业的时候，两个小时的时间可能就会给孩子造成一种度日如年的感觉。但当孩子玩游戏的时候，两个小时过去了，孩子的感觉

却可能是认为时间过得太快，感到意犹未尽。

这种对于时间的观感和真实时间流速间的差异，其实是一种内在的极为主观的感知体验。每个孩子由于喜好不同，而对不同事情的时间感知都不尽相同。这样的时间认知差异，会让孩子在做事情的时候进入一种主观的"失衡"状态。为了避免这种主观错觉影响孩子的正常学习生活，我们可以通过利用孩子的愉悦感和痛苦感对他们进行专门的时间敏感度训练。

在孩子的常规感知下，做一件事情的愉悦感越强，时间流速感知越快，往往是一种时光如梭的感觉。相反，做一件事情痛苦感越强，时间流速感知就越慢，经历者往往能体会到什么叫作度日如年。通过刻意地让孩子去感受不同愉悦度和痛苦程度下的时间流速，让他们认识到为什么相同的时间长度下感受却天差地别，从而让孩子能对自己的时间敏感度和差异性有一个清晰的认知；并且让孩子尝试在做自己不喜欢的事情上，也要对自身做出一定的调整，以便更好地适应多变的任务。

 通过效率检视，让孩子充分了解自身

家长可以帮助孩子做一个效率检视记录档案，每当孩子参与或者执行一个任务时，将孩子在任务中的用时、成果和效率清晰地记录下来。多次记录后，再去回顾查看，就可以知道孩子在不同事情上的效率如何，从而根据问题点进行不断地优化改进。同时，也要让孩子自己认识到自己的做事效率，从而做出主动性的调整和改善。

排除干扰，打造环境"真空"

当孩子刚坐在屋里准备学习时，突然听到门外电视机里传来了武侠剧的声音；当孩子刚拿起一本书准备要阅读时，突然看到家里养的猫跳上了书桌；当孩子刚刚提笔准备写作业时，突然看到了桌子上的一本漫画书……

在很多情况下，孩子拖延行为的产生，正是因为受到的干扰太多。相较于成年人，孩子的专注力和自控力原本就比较弱。当受到外界诱惑的干扰，孩子的注意力就会快速转移，从而导致正事没干成，造成了实际拖延。所以，排除干扰，是让孩子远离拖延的另一种有效方法。

排除干扰其实并不困难。作为家长的你,只需要做到简单几个关键点就可以为孩子打造出一个环境"真空"。

 诱惑因素排查

孩子们往往总是喜欢将自己喜欢的一些东西放在自己的书桌上或者抽屉里。例如,我们刚刚提到的漫画书,或者是孩子喜欢的动漫手办,也有可能是一盆会动的含羞草。它们都有可能摇身一变,成为造成孩子拖延行为的干扰因素。家长们无须刻意去寻找干扰因素,最简单直接的方法就是让孩子在一个整洁干净的书房里学习,书桌尽可能保持干净无杂物,只保留和学习有关的物品即可。

 减少动态的干扰

例如,我刚才提到的电视剧的声音或者家长聊天的声音(声音干扰),以及跳上书桌的猫(动态视觉干扰)。

 光线和温度干扰

很多情况下,孩子在屋里学习的时候,是关闭着门窗的,那就有可能会导致空气憋闷。空气不流通,就会造成异味、缺氧的环境,并不利于孩子的学习和思考。家长可以适当地开窗通风,或者放置一些孩子喜欢的、味道自然的熏香等来改善孩子的学习环境。另外,放置一个好的灯具也会起到意想不到的效果。无论是一个暗淡的,还是一个刺眼的光源,都会影响孩子的注意力,造成一定的干扰。因此,选择适当的灯具,给予适当的光线也是对孩子有力的帮助。

尽可能地为孩子营造一个安静、舒适、无干扰的环境"真空",可以帮助孩子尽快进入学习状态,避免和减少因为干扰因素造成拖延行为的发生。

调整心情,走出心理舒适区

当孩子不愿意做"痛苦"的工作,就会选择拖延。此时,拖延行为就是孩子内心自我保护机制的一种外在表现。然而,借助拖延逃避痛苦,只能满足一时的心理舒适，并不能解决根本问题。无论怎样拖延逃避，问题就在那里，早晚都还是需要孩子去面对和解决的。

其实，这都是孩子的心理舒适区在作怪。所谓心理舒适区，就是指人们习惯的一种心理模式，是一种让人感到熟悉、安逸的心理状态。一旦事情超出了这些令人舒适的常规模式，人们就会感到不安、焦虑甚至恐惧。

维持现状是逃避不确定甚至痛苦的常用手段，而选择了维持现状就难免会造成拖延。例如，正常上学的孩子都会有寒暑假，假期里就会有暑假作业和寒假作业。然而，和吃喝玩乐的假期生活相比，写作业这件事可以说是一件极其痛苦的事情了。那么，为了逃避这种痛苦的体验，自控力较差的孩子多半会选择"能晚做一天算一天"的策略去应对这件事。于是，很多孩子直到假期快要结束的时候才意识到再也无法逃避写作业的任务，在假期结束前夜疯狂补作业的现象变得十分常见。

走出心理舒适区，摆脱熟悉、安逸的环境，才有可能摆脱拖延这种坏习惯，才有可能在未来的学习和工作中实现更大的自我价值。

那么，如何帮助孩子走出心理舒适区呢？

 明确孩子的舒适区

先弄清楚，有哪些事情是你和孩子认为值得去做，却又因为害怕而不敢去做的。拿一张纸，画一个圈，圈里是舒适区，圈外是舒适区以外的事情，找到它们，记录下来。

 找出你想要的结果，找出你需要战胜的困难

在做事情之前，先将你和孩子想要获得的结果写下来，再写下达成这样的结果需要通过哪些步骤和途径。确认这些"必经之路"有哪些，是否在舒适区之外。如果是，就要思考孩子需要战胜哪些困难，只有先将这些困难找出来，孩子才有可能采取应对方案，才有可能战胜它们。

 给自己一个跳出舒适区的理由

孩子不愿意跳出舒适区的原因有二：一是因为做不熟悉的事情，可能会导致失败和痛苦，而这恰恰是孩子最不愿意承受的；二是因为孩子并没有找到一个跳出舒适区的理由，如果跳出舒适区不能带给孩子明确的好处，他们不能因此受益，那么又为什么要去承担相应的风险呢？

如何正确面对失败和痛苦，本书"情绪管理编"已详细阐述过，在此不再赘述。而关于跳出舒适区能够获益的观念，则需要通过一些方法去养成，其中最直接的方法是奖励措施。只要孩子跳出舒适区去努力突破自己执行任务，家长就可以对孩子进行精神和物质上的奖励。对于孩子突破自我舒适区的行为，家长应该给予孩子明确的赞赏和表扬，以及以一些实物奖励作为诱惑和刺激，帮助孩子主动跳出自己的心理舒适区。

无论是主动还是被动，只要孩子跳出舒适区，去做一些自我突破的尝试和努力时，家长在给予孩子正面赞赏和鼓励的同时，也应该将这样做的好处明确告知孩子。通过一次又一次的受益认知教育，孩子自身会主动意识到跳出舒适区可以让自己受益这件事。一旦孩子拥有了这样的认知，就会变得更加努力积极和主动进取，也就不再会因为心理舒适区的影响而产生拖延的行为。

设定明确目标

在本书"目标管理编"里，我详细阐述了目标的作用和制订方法。明确的目标，对克服拖延症有着神奇的效果。目标越清晰越能帮助我们持续前行，避免浑浑噩噩地拖延混日子。

古希腊著名思想家亚里士多德曾说过："知道自己一生在追求怎样的目标非常重要。"对于每个人而言，目标就像是路标和指南针，又像是弓箭手瞄准的靶心。它能够清晰地将未来美好的结果展示在人们面前，指引人们为之而努力。没有目标的人缺乏前进的动力，往往只会原地踱步或者来回打转，在拖延中浪费自己宝贵的时间和生命。

所以，设定一个明确的、清晰可行的目标，是解决拖延症的有效措施。家长可以参考本书"目标管理编"里提到过的理论和方法，为孩子设定一个清晰可行的目标，明确地为孩子指出下一步该朝哪里走，如何走。有了目标的指引，孩子就不会因为不知道该做什么而止步不前，在很大程度上，也就遏制了拖延行为的产生。

明确事情的优先级

在很多情况下，孩子的拖延主要是因为未能明确事情的优先级。当同一时间出现多个任务的时候，孩子可能就会突然懵掉，因为他/她不知道该如何选择，也不知道该如何安排执行计划。比如说，当玩一场游戏、写家庭作业、吃晚饭这三件事情同时发生时，孩子会如何选择呢？如果肚子很饿，孩子可能就会选择先吃晚饭；如果孩子不饿，作业必须立刻完成，孩子就会先去写作业；如果其他两件事都不那么紧急，孩子就可能会选择最喜欢的事情先做，也就是玩一场游戏。

当多件事件同时发生，孩子又没有特殊的原因推动，就会陷入选择困难。而这个选择的时间，就会无形地造成时间浪费，造成实际的拖延发生。这时就需要清晰明确事情的优先级划分。如果孩子不擅长优先级划分，那么，作为家长就该帮助孩子区分事情的轻重缓急。即使事情真的没有那么明确的轻重缓急，家长也应该帮助孩子强行划分出优先级。因为这样可以有效避免选择障碍造成的拖延和时间浪费。

打败完美主义和强迫症

拖延的另一大诱因是完美主义和强迫症。所谓完美主义是指一种极度追求完美、毫无瑕疵的想法。完美主义是建立在不完美、不满意的认知之上的。强迫症则是指一种反复持久出现的强迫观念和强迫行为。和强迫症患者相类似，完美主义者往往无法忍受自己所追求的事物有所缺陷。他们做任何事情都不会贸然开始，而是要花费很长时间去做充分的准备，力求准备妥当、计划完美。然而，完美只是一个乌托邦式的理想状态，我们的生活中本就不存在十全十美的事物。所以，过分的准备和苛求完美就一定会导致拖延行为的发生。

仔细想想，当你的孩子在认真做一件事时，是否无法忍受别人的打断，并会因此异常愤怒？当你的孩子在接受一个新的任务时，是否总会想出多项解决办法，却又在这些办法中选择困难、犹豫不决？当你的孩子在目标达成的时刻，是否往往并不是感到喜悦，而是会对某些疏漏遗憾不已？如果你的孩子有如上这些表现，那么他极有可能正在遭受完美主义这道绚丽的枷锁的限制。

打败完美主义和强迫症，是战胜拖延症的有力手段。

要让孩子接受任何事都不存在完美这个现实

英国摄影师茱莉亚·卡梅伦（Julia Cameron）[①]曾在《艺术家之路》一书中写道："完美主义是导致你止步不前的障碍。它是一个怪圈——一个强迫你在所写所画所做的细节里无法自拔、丧失全局观念又使人精疲力竭的封闭式系统。"无论是家长还是孩子，都应该明白一个事实，那就是完美主义并非追求卓越，在不重要的细节上苛求完美，是人们成功路上自我设置的巨大障碍。

家长必须向孩子灌输一个理念，那就是并非每个细节都必须做到完美，有些不重要的细节并不会影响整体事件的成功。举个最简单的例子，很多人都说一天喝8杯水对身体最好，但你会愿意每天精心准备8杯水，不多也不少，而且还要在规定的最佳时间内喝完吗？我想大多数人都不会这么做，因为当我们渴了的时候，身体会主动提醒你去喝水，而不用在这样的事情上浪费宝贵的时间。所以，家长一定要告诉孩子，不完美依然可以做好事，要让孩子能够接受不完美。当然，这对家长也提出了要求，如果家长自己就是完美主义者，那孩子也很难避免同样的问题。

 ### 无须完美，只要达到"攀登线"就够了

既然我们要反对完美主义，那就面临着一个问题，究竟做到什么程度算合适？即使不追求完美，也势必要追求足够好，否则只会导致孩子陷入敷衍了事的另一个极端。到底该如何界定这个适度和足够好？我们可以利用本书"目标管理编"中提到的"攀登线"的概念。

让我们再来回顾一下"攀登线"的定义。"攀登线"指一条用来划分自我肯定界限的基准线，这条基准线不会过高或者过低，而是一条具有难度，但通过努力就一定能够达到的基准线。利用好"攀登线"的概念，就可以有效定义什么是足够好的状态。有了这样的自我衡量标准和思维模式，就可以在做任何事时有效地降低孩子的压力，同时可以约束孩子无限制追求完美的心理和行为。有时候，不完美本身就是一种美。

[①] 茱莉亚·卡梅伦（Julia Cameron）：英国摄影师，代表作《艺术家之路》。

奖励，让孩子自己动起来

前面已经提到了很多导致拖延行为的原因，但其实最根本的还是源于一种人类的本性。趋利避害是人最原始的行为准则，有道是"人因收益而坚持，人因痛苦而改变"。当人们遇上会让自己痛苦的事时，拖延和逃避是一种本能反应。大人尚且如此，更何况是孩子。但如果我们看得到收益，且认为这份收益是比我们所要经历的痛苦更具诱惑力，那么这种拖延和逃避就有可能被战胜。

所以，家长可以人为地设置孩子所期待的奖励。通过奖励让孩子主动战胜自己的逃避本能，是再好不过的事情了。因此，奖励机制是让孩子战胜拖延的一大法宝。

利用拖延，deadline（截止日期）是第一生产力

其实，拖延也分为两种。一种是有限时间的拖延，一种是无限时间的拖延。我们反对后一种消极的拖延行为，但如果计划得当，完全可以利用第一种有限时间的拖延。

你听过背水一战的故事吗？相传在楚汉争霸的年代，刘邦命令大将韩信率兵攻打赵国。当时的韩信只带了一万兵马，而赵王却率领 20 万大军在太行山的井陉关迎击韩信。韩信见状，命令军队驻扎在河边，这原本是犯了行军打仗的大忌的。但韩信就是要让士兵们退无可退，不得不发挥出以一当十的勇猛，最终打败了赵王的 20 万大军。这是史书上经典的以弱胜强的案例。

和背水一战的故事相似，在时间限制来临前，在越来越大的压力下，只要还未放弃，人们往往就会爆发出出人意料的能力和效率，孩子也是一样。如果我们能够利用好拖延行为，设置好 deadline，就可以人为地制造一种紧迫感。利用这种紧迫感和压力，强迫孩子不得不发挥出自己的全部力量，去完成学习或者其他的任务。

正所谓，deadline 是第一生产力。家长可以在孩子不知情的情况下，适当地将最后期限前移那么一点点。然后，在 deadline 即将到来时对孩子发出提醒，从而引爆孩子的创造力和行为效率。

但我要提醒你的是，利用拖延行为必须要相当小心。所谓理想时间是不存在

的，任何人都不可能每次都恰到好处地选择到最合适的行动时间，而且任何事情都可能会出现我们意料之外的情况，过于迷信 deadline 的力量，往往会让我们错失良机。另外，deadline 作为真实的最后时限的天然局限性，甚至会导致我们失去补救的机会。如果压力未能奏效，那么失败则必定来临。

第五章 利用工具克制拖延

在上一章里,我从诱因的角度分析了如何帮助孩子摆脱拖延症的几种方法。但仅仅知道这些方法可能还是不够的。接下来,我会从拖延行为的分类来加以说明,并列举一些实用的小工具,以便更加明确地帮助到大家。

在谈论拖延分类之前,我要先提到一个概念,那就是认知科学。认知科学(cognitive science)就是关于心智研究的理论和学说。作为20世纪的标志性新兴科学研究门类,作为一门年轻的学科,它主要探究人脑或心智工作机制。

认知科学认为,拖延行为主要分为四个类别,即期限拖延、个人事务拖延、简单拖延和复杂拖延。

期限拖延

期限拖延是指面对看起来比较复杂且前景不够明确的任务时,人们想要逃避这个任务所产生的拖延行为。如在学期初的时候,孩子明明知道学期末有期末考试,想要在期末考试获得好成绩,就必须认真学习很多知识,途中还要各种预习、复习和做大量的练习题才有可能达到最终考一个好成绩的目的。但这个过程光是想想就已经觉得很烦人了,更不要提去做了。所以,孩子往往会产生一种时间还早的自我欺骗式的错觉,或是找很多借口进行逃避,心想反正时间还早,那不如多睡个懒觉,多和小伙伴玩几场游戏,能多拖一天算一天。

类似这样的行为,就是典型的期限拖延。对付孩子的期限拖延行为,最行之有效的方法和工具莫过于制作一张学习目标表,见下表。一张标准的学习目标表一定要包含五个要素:目标、最后期限、关键步骤节点、可能存在的干扰项和解决方法预案。

学习目标表

序列	目标	最后期限	关键步骤节点	可能存在的干扰项	解决方法预案
1					
2					
3					
4					
5					
6					
7					

学习目标表其实是一种目标管理的工具方法。首先，家长要帮助孩子设置一个可行的目标，具体方法可以参考本书"目标管理编"的内容。任何有效的目标都一定有一个最后期限，否则就会成为无效目标。目标经过拆解后，变成了一个个的分解任务，每一个分解任务的执行和时限，也就是我们所说的关键步骤节点。至于可能存在的干扰项其实和本书"情绪管理编"提过的失败模拟训练有着一定的相似性，利用穷举法提前将可能存在的干扰项列举出来，提前做好有效应对，会对日后的目标执行起到事半功倍的促进效果。

举个例子。

假设你设置了一个目标，即用一个月的时间，让孩子背1000个英语单词，那么，这个目标（背1000个英语单词）和最后期限（30天）都已经有了。家长所需要做的，就是将这个大目标（背1000个英语单词）进行合理的目标拆解。按一个月30天来计算，孩子必须完成每天背33个英语单词的工作量，30天不间断才能做得到。也许每天背33个单词不难，但连续坚持30天不间断，这对于一个意志力不够坚定的孩子而言，却是很难做到的。所以，家长必须要考虑到孩子的休息时间、因为生病影响进度的可能、已经背下的单词会忘记还需复习的时间等，因此可以将这个时限和工作量人为地进行调整。例如，25天背1000个单词，每天背40个单词，剩下5天为休息、复习等特殊情况而做准备和预留。最后，还需要考虑干扰因素。例如，我们计划每天早上让孩子背英语单词，但万一孩子早上睡过头或者被其他事情耽误了，那么就需要在当天调整时间，或调整到中午,或调整至晚上。总之,一定要有提前的预案,否则就可能因为一些突发干扰导致一整天时间被浪费,造成拖延,打乱整个计划。把这些内容,按照学习目标表进行填写,贴在孩子最容易看得到的地方,时刻提醒孩子按照计划执行任务,一个月后,你的孩子一定会有所收获。

个人事务拖延

个人事务拖延是指虽然有明确的截止日期,但无明确的启动日期,于是产生明天再开始的拖延行为。这种拖延类型常常与自我提升行为有关,例如,前面提到过的"一个月要背1000个英语单词""一个月要读4本书"等。这种类型的拖延,主要是优先级不够明确造成的。因为事情没有划分优先级,于是很难去分别什么是重要的事,也就不会在凌乱的多件事情中选择先做重要的事了。就好像原本孩子计划一个月要读4本书,但刚准备读书时,突然又想要去背英语单词,于是,读书的行为被搁置延后,造成了实际意义上的拖延。这就是典型的个人事务拖延。对付孩子的个人事务拖延行为,制作一张个人事务优先级表(见下表)是十分有必要的。一张标准的个人事务优先级表包含两个维度:第一维度是紧急维度,区分为紧急和不紧急;第二维度是重要性维度,可以划分为重要、一般和不重要。

个人事务优先级表

序列	任务名称	重要		一般		不重要	
		紧急	不紧急	紧急	不紧急	紧急	不紧急
1							
2							
3							
4							
5							
6							

个人事务优先级表其实是一种事关轻重缓急的工具方法。首先,家长应该帮

助孩子弄清自己的真正目标究竟是什么，即孩子最想要达成的那个目标是什么。千万不能贪多，贪多就意味着缺乏优先级且容易分散注意力，从而导致目标执行的混乱。我个人建议，针对注意力容易被分散的孩子，同时存在的目标以最多不要超过2个为佳。最好的状态甚至是只拥有一个主目标。如果确实需要，最多再加一个次要目标即可。划分了主要和次要目标之后，就要根据上述两个维度进行优先级划分，最终得出紧急且重要、紧急但一般、紧急但不重要、不紧急但重要、不紧急且一般、不紧急且不重要这六个维度，按照表中的排序进行优先级排列和执行。在确定了优先级后，将优先级由高到低排列，并且给予其明确的任务启动时间。这样就可以有效地避免因为缺乏优先级而造成的拖延行为和损失。

举个例子。

假设你的孩子的主要目标是每天做50道数学练习题以提高学期期末数学考试成绩。次要目标是在本学期内阅读10本课外书籍，以提高个人知识面和认知。根据优先级划分，我们可以将主要目标（每天做50道数学练习题）划分为紧急且重要，次要目标（本学期内读10本课外书）划分为不紧急但重要。除了这两个大目标外，其他也许还有"我要锻炼身体"（紧急但一般）、"我要练习唱歌水平，尝试参加学校歌唱比赛"（不紧急且不重要）等其他目标。那么，既然已经划分出优先级，就可以执行相关的策略。紧急且重要的主要目标立刻执行，不允许延后，且每天都要执行。对于不紧急但重要的次要目标制订一个相对宽松的执行时间和方式。对于其他目标则相应延后，有宽裕时间了再做也不迟，实在没有时间和精力，也可以适当放弃一些不紧急不重要的任务目标。总之，力保主要目标，争取次要目标，适当追求其他目标。

另外，对于个人事务拖延另一个好用的小工具叫作待办清单。如果你认为上面提到的学习目标表比较烦琐，而且因为孩子年纪较小并没有那么多的任务去做优先级评判，那不妨试试待办清单。

很简单，只需要把孩子需要做的事情，按照大致的重要程度进行排列，写在纸上，这样一张简单的待办清单就完成了。接下来，只需要让孩子按照清单上罗列的任务，从上到下一个个去做就好了。

是不是非常简单？那么，试着给你的孩子做一个待办清单吧。

简单拖延

简单拖延是指当任务执行过程出现困难和挫折导致不顺心时，人们所产生的想要放弃、逃避心态所导致的拖延现象。例如，孩子明明知道要写作业了，但刚坐在书桌前做了一道题就被难住了，于是心烦气躁，不想再继续做下去。又如，孩子兴致勃勃地计划好要通过跑步锻炼身体，结果才跑了一天就浑身酸痛，于是再也不想跑步了。再如，当孩子拿起一本书，刚读了两页就觉得枯燥，结果就丢在一旁，不再读书了。

这些都是十分典型的简单拖延。简单拖延行为大多数都是因为情绪管理上出了问题，当孩子受到负面情绪的干扰，或者被迫走出心理舒适区，他们就很容易产生一种抗拒心理，这种抗拒心理作祟的结果就是拖延。对付孩子的简单拖延行为，最行之有效的方法就是加强孩子的情绪管理能力和意志力训练。帮助孩子应对负面情绪的方法，可以参考本书"情绪管理编"关于情绪管理的相关内容，有关意志力训练，我会在下一小节详细阐述。

抛开复杂的情绪管理理论，对付孩子的简单拖延行为的最简单方法就是两个字——"无视"！利用潜意识或者自我暗示的方法，尽可能地去无视困难所产生的负面心理，无视烦躁和逃避心态，将不够紧急的困难置后处理，对于这类型的拖延是十分有效的。

对于这种"无视"的提醒方法有很多，可以是在孩子视线范围内的文字提醒，例如，在墙上挂着相关字样，或者在书桌上贴着小纸条都可以作为有效的提醒工具。

举个例子。

假设你的孩子在做数学练习题时，突然被一道难题给拖住了。如果你要求孩子必须在解决这道题后再继续下一题，有可能就真的将大部分时间和精力浪费在一道也许并不那么重要的题目上了。不如让孩子先放下这道题，去做其他题，等到其他题都做完后，再回过头来重新审视这道难题。有时候，难题只是难在那么一瞬间没有打开思路，强行去思考，只会越来越复杂。但当放下它，回过头再看它的时候，也许就会豁然开朗，难题也就不那么难了。而且，就算回过头依然不会做这道题，也还有家长、同学和老师可以求助询问。在师长的帮助下，根本不需要浪费过多的时间在一些并不重要的问题上。把精力留给更值得关注的问题，才更容易实现目标，走向成功。

当然，这也需要家长做一定的鉴别。能够被暂时放下的困难，一定是不重要的困难。如果将非常重要的，能够极大地影响目标结果的困难给放下了，那么可能会造成破坏性的损失。因此，这种应对方法，一定是在家长的鉴别和允许下才能使用的，千万不要乱用，避免发生难以挽回的损失。

另外，对付这种因负面情绪产生的简单拖延，还有一种有效的方法——心锚法。"锚"一般指船锚，是锚泊设备的主要部件。正因为有了锚，船才不至于随波逐流。而当一个人的内心也有了这样一个"锚"，那么必然也能够不会被负面情绪所困，能够坚定本心，一往直前。"心锚"属于条件反射的一种形式，指人内心的某一心情与某一动作或表情相链接而产生的条件反射。大家还记得我在本书"情绪管理编"提到过的一个叫"情绪开关"的小工具吗？没错，"情绪开关"就是"心锚"的一种运用。家长们千万不要小看"情绪开关"的妙用，在孩子受到负面情绪干扰时，一个标志性的小动作、小手势，甚至只是默念三个数倒计时，或许都能够帮助孩子瞬间摆脱负面情绪的控制。

所以，如果你还没有帮助孩子设计一个属于他/她的"情绪开关"，请赶快行动起来吧，相信我，它真的非常实用。

复杂拖延

复杂拖延指因为完美主义、自我怀疑等负面心理引起的拖延行为。主要是因为对于任务或目标执行难度的过高估计，或者因为不够自信而过于低估自身能力所造成拖延的现象。我在本书序言中就提到过，积极自信的孩子更容易成功，其实也有这方面的原因。当你的孩子拥有了自信，他/她就不会因为低估自己而产生怯懦和逃避的心理，从而更容易迈出行动的第一步，也会更加勇敢地去面对可能遇见的各式各样的挑战与困难。然而，诸如自我怀疑、完美主义、叛逆情绪等各式各样的复杂负面心理，如果不加以约束和改变，那么就会造成复杂拖延行为，对孩子的未来有百害而无一利。

这种拖延之所以被称作复杂拖延，正是因为其诱因繁多且复杂多变，难以诊断和根治。举个例子，前面案例中提到的那个因为完美主义被师生所不喜的秦小

迪，她的完美主义是因为曾经因为完美而做对了事，受到了表扬才形成的。然而，在我们日常生活中，很多孩子却是因为畏惧，担心自己准备不足做不好事情而形成的完美主义。虽然都是完美主义，但这两者却相差甚远，完全不能一概而论。再好比同样是抗拒心理，有的孩子可能是因为父母逼迫，打乱了自己的计划和节奏所产生的抗拒；也有的是因为不愿走出自己的心理舒适区而造成的抗拒。这二者也同样差距甚远。

遇到复杂拖延的情况，家长更要关注孩子出现各种问题背后的根源到底是什么。只有找对了问题的根源，才有"根治"的可能。如果是复杂的混合因素，那就一项一项地去解决，直到问题被彻底解决为止。至于如何对付孩子的复杂拖延行为，我送你六个字：先去做，再改善！

第六章　强大的意志力

为了让孩子能够在未来的人生道路上获得成功，家长们可谓是下足了功夫。无论是情绪管理能力的培养和自信心的构筑，抑或是目标的制定和梦想的引导，都是为了让孩子能以一个较好的状态去向着梦想奔跑。然而，只是拥有这些，对于想要走向光明未来的孩子来说还仅仅只是有了一个基础保障。接下来如何迈出关键的第一步，又如何能够在未来的人生旅途中坦然无畏地面对任何困难挫折与挑战，这才是真正能够决定一个孩子是否能够达成目标、走向成功的关键。

在上一章中，我详细分析阐述了什么是拖延症，为什么会产生拖延行为，以及如何才能帮助孩子战胜成功路上的大敌——拖延症的种种方法，就是为了帮助家长了解如何才能让孩子主动地迈出关键的第一步。正所谓"质胜于华，行胜于言"。想得再好，说得再多，都不如真正行动起来。只有积跬步，方能至千里。心向大海、仰望星空的同时，更要脚踏实地，一步一个脚印地逆流而上，才有可能获得最终的成功。

虽然，战胜拖延症能够保证让孩子主动迈出关键的第一步，但无法保证孩子能够一直成功地走到目标和终点。我知道，作为家长的你，一定想知道能够保证孩子坚持走到目标和终点的力量究竟是什么。或许，不同的人有着不同的答案。但我认为，这个答案非意志力莫属。

什么是意志力

意志力到底是指什么？它又和之前我们提到过的自信、乐观等积极情绪有着怎样的区别呢？

美国作家弗兰克·哈多克（Frank Channing Haddock）[①]在《意志力决定成败》一书中写道："意志力是一种自我引导的精神之力。"他认为，意志力是一种为人处世的方式，人们可以通过它来指导自己的思想和肉体。所有的意志都对人们心理和身体上的行为产生一种附加的心理引导。思想和身体对意志的认可就是意志力的外在表现。

罗伊斯也曾说过："从狭义的角度讲，意志力一般是指我们全部的精神生活，而正是这种精神生活在指引着我们各种各样的行为。"

凯利·麦格尼格尔（Kelly McGonigal）[②]在《自控力》一书中这样写道："所谓意志力，就是控制自己的注意力、情绪和欲望的能力。我们知道，意志力会影响一个人的身体健康、经济安全、人际关系和事业成败。我们也知道，应该掌控自己生活的方方面面，包括吃什么、做什么、说什么、买什么。"他认为，即使你并非心甘情愿，意志力也会逼你完成必须做的事。这就是"我要做"的力量。

也有观点认为，意志力是指有自己的目标和目的，为了这个目标和目的，从而调节自身的行为和生活，借此克服其中各种各样的困难，实现自己的目的的品质。

而我认为，意志力就是一种基于人类本身，以一种被特殊强化过的主观意念为引导，控制着人们的情绪、欲望和行为的精神力量。意志力是一个人自我控制的根源，是情绪管理、抗压能力、目标管理等一系列人的自我管控能力的总和，更是自信、自尊、坚毅等一切优秀品质的精神源头。缺乏意志力，就不会具有决心、坚持、自信等优秀的品质，严重者会导致精神世界的崩塌，从而消极颓废、无所事事。

简单来讲，我们可以把意志力理解为一种精神层面的自我控制能力。意志力能够让人拥有明辨是非和克制冲动的能力，它不仅能够在精神层面影响人们的选择，还能够将人的生理机能调整到相应的状态。当一个人经过训练而拥有了强大的意志力时，他就会形成一种本能的对抗负面心理和诱惑的应激反应与能力。

然而，意志力并非天生就存在，而是通过后天的训练所获得的。未经训练的人，凡事都是凭借着一种天生的本能应激反应来做判断和抉择的。这种天然应激反应是人类基因里所携带的信息，这来源于数千年乃至数万年前的人类祖先的馈

[①] 弗兰克·哈多克（Frank Channing Haddock）：美国作家，代表作《意志力决定成败》。
[②] 凯利·麦格尼格尔（Kelly McGonigal）：美国作家，代表作《自控力》。

赠。举个简单的例子，当人看到老虎时，会下意识地感到害怕；当人看到天黑，多半会更容易感受到困意。这些都是大自然和人类祖先带给我们的生存本能。

让我们回到本书的重点，也就是孩子的教育问题上来。孩子因为年龄和阅历的限制，在未经训练之前，不可能拥有强大的意志力。所以，孩子体现出来的更多的是一种天然的心理、生理的本能应激反应。在这种趋利避害的人类本能的驱动下，孩子就会做出我们所不希望看到的举动和选择。打个比方，上课时，看到老师在黑板上写下的枯燥知识，孩子的本能会驱使他们产生困意，而好奇心会驱使他们更加关注窗外走过的人和发生的事，或者是一些同学间的有趣的小动作。放学后，积累了一天的疲惫的身体和大脑，会本能地拒绝更多的负担。于是，孩子拒绝和厌恶需要占用更多时间和精力的家庭作业。另外，孩子趋利避害的本能也让他们更加适应顺境，而一旦遭遇逆境和困难，为了避免痛苦的体验，身体和大脑会不由自主地选择逃避和放弃。

缺乏意志力的孩子，在性格上往往表现得唯唯诺诺、不够自信；缺乏意志力的孩子，在做事时多半表现得懒懒散散、不负责任；缺乏意志力的孩子，在困难面前总是不够坚定，容易放弃。

而经过训练，拥有了强大意志力的孩子的表现却截然不同。他们在性格上积极自信，仿佛没有什么事情是自己做不到的；他们在做事时认真负责，对任何事都尽心尽力、高效执行；他们在困难面前足够坚定，一路向前，绝不会屈服，更不会认输。

那么，如何训练和强化孩子的意志力呢？

首先，意志力的提升需要身体和心理的能量储备。

如果一个孩子体弱多病，那么，即使他/她有再多的信念，也无法真正做到身体力行；如果一个孩子心力交瘁，终日顶着黑眼圈，那么，他/她也很难再有精力去进行自我管理和约束。所以，提升孩子意志力的前提，是孩子拥有健康的身体和正常的精神状态。身体素质越强，就越有可能适应高强度的学习和工作，精神状态越好，就越有可能抵御负面情绪的侵蚀。

因此，家长们应该在日常生活中，加强孩子身体素质的训练，体育运动就是最好的选择。无论是跑步、跳绳，还是球类运动。只要孩子能每天抽出半个小时的时间参加户外体育运动，随着时间的积累，孩子的体魄自然就会越发健壮。而且，运动和锻炼也能够让身体产生对精神有益的物质，适当地运动还能增强孩子的兴奋感以及自信与活力。当然，保证良好的作息时间和饮食规律也是拥有健康

体魄所不可或缺的。健康规律的饮食能够从身体内部保证孩子的健康，而良好的睡眠则有助于良好精神状态的养护。

锤炼意志，认知升级

虽然说健康的体魄有助于意志力的锻炼，但归根到底，意志力更多的还是一种精神力量。这就不得不涉及认知的概念。人们只有相信自己的所作所为，只有明确地知道自己所需要做的事情是对自己有益的，才会产生主观能动性。而人的目标是一个不断升级的动态过程，想要一直保持良好的主观能动性，就需要不断地进行认知升级。

认知升级的方式很多，例如读书就是一个很好的选择。我们每个人都需要不断地扩充自己的知识，阅读书籍能够快速带给我们想要的知识和经验，提高我们的认知水平。孩子也是一样，无论是国家层面还是学校老师，都在倡导读书要从孩子抓起。无论是课堂上的教材，还是丰富的课外阅读，都有助于提高孩子的知识储备量和自我认知。

当然，如果让孩子自己选择书籍，孩子很有可能会一头扎进漫画书的海洋中，所以在选择孩子的阅读清单方面，就需要家长的介入和帮助。家长可以根据孩子所处的阶段性，或者根据当前孩子目标达成所需要的知识储备来帮助孩子进行选择。另外，还要对孩子的阅读情况进行有效的监督，例如，和孩子一同探讨读书心得和收获，否则可能会出现无效阅读的尴尬状况。

对于孩子来说，最好的老师莫过于家长。从孩子出生开始，家长就在不断地给孩子灌输各式各样的知识，以及一脉相承的世界观和人生观。想要孩子拥有一个良好的认知水平，想要帮助孩子进行优质的认知升级，这对家长本身就提出了很高的要求。家长必须加强自我认知的学习，提高自己的个人修养，才能作为一个好的榜样，言传身教，帮助自己的孩子。

借助群体的力量，加固意志力

本书前面提到过，人是社会性的动物，很容易受到群体的影响。有关"吸引力法则"的相关章节也提到过一种现象，即当一个孩子自己努力学习的时候，他/她就会被老师和同学所关注，从而很容易在他/她的身边加入同样努力学习的同学,从而形成努力学习的小圈子,老师的教学资源可能也会不知不觉地向他/她倾斜。还记得我在"情绪管理编"中提到的勇气榜样的故事吗?小明和小华就因为看到一个胖女孩在坚持跑步,他们两人也打消了放弃跑步的念头。

借助群体的力量,可以有效地对抗脆弱。当孩子准备放弃时,突然看到身边的朋友、老师、家长都还在努力坚持,就会受到他们的影响和鼓励,让自己濒临崩溃的心态和情绪得到有效的慰藉和鼓励,从而达到一种被提醒的效果,让自己重新坚定信念,再次快速地投入到艰难的任务中去。一根筷子很容易被折断,一把筷子却很难被折断。让孩子的生活拥有更多的社交属性,让家长、老师、同学乃至更多的人,成为孩子意志力的坚固堤坝,让我们一起,尽自己的一份力,为孩子的美好未来保驾护航。

除了上述方法,帮助孩子强化意志力的方式还有很多,比如本书"情绪管理编"中讲到过的情绪管理法。良好的情绪管理,是强大意志力的坚实基石,意志力强的一大体现就是对于压力、冲动和情绪的强大管控能力。另外,奖励作为我不断提到的好方法,也是帮助孩子锻炼意志力的有效辅助。本书"目标管理编"的目标管理内容,同样也与意志力相辅相成,能够起到良好的补充作用。总之,意志力就是一种精神力量,能够帮助我们对抗一切阻碍我们成功的负面的东西。帮助孩子训练并拥有一份强大的意志力,是每一个家长义不容辞的责任。

至此,我想你或许已经迫不及待地想要制订计划去帮助你的孩子锻炼意志力了。我建议你尽可能先从小事做起,比如先设定一个小目标,每天早起1个小时。这个目标看起来很简单,甚至很多人觉得不值得一提,但你仔细想想,如果你的孩子一天多出1个小时,做到了一年就多出365个小时,足足比别人多出了15天。况且,每天早起也是一种无形的坚持,是对于意志力的有力考验。我有一个朋友,他是一家知名企业的品牌总监,平时工作非常忙碌,时间表几乎都是填满的。但他坚持每天早起一个小时,用了一年的时间,居然写了一本书,而且这本书出人意料地成为畅销书。对于这件事,我一直都十分敬佩,这就是一个拥有意志力的人通过自律的方式实现的自我价值。

另外,我还要建议你最好让孩子选择从一件事情开始做起,尽可能避免贪多。俗话说贪多嚼不烂,多余的事情会分散注意力,并不利于意志力的训练。无论是体育运动,还是阅读学习,尽量让孩子专注去做一件事,这样才能够快速地收获结果,获得即时反馈,让孩子快速获得意志力带来的奖励,从而让孩子从主观上更加愿意参与到意志力训练这件事中来。

美国著名的作家，被称作"悬疑大王"的斯蒂芬·埃德温·金（Stephen Edwin King）[①]是一个高效多产的作家。作为世界顶级小说作家的他，可以说已经是名利双收了，但他依然坚持每天写 10 页纸，从不间断。据不完全统计，斯蒂芬·埃德温·金至今大约创作了 550 部作品，这其中还包括 66 部长篇小说。这种高质量且高产的能力，让同为世界顶级作家、"冰与火之歌"系列的作者乔治·雷蒙德·理查德·马丁（George Raymond Richard Martin）[②]惊叹不已。就连整个作家行业都流传着这样一句话：想要放弃时，想想斯蒂芬·埃德温·金。

斯蒂芬·埃德温·金的经历告诉我们，专注和自律不但有助于意志力的训练，还有助于能力的提升与目标的达成。家长在孩子的教育中，也应该帮助孩子养成专注和自律的好习惯，让孩子在提升意志力的同时，也避免三心二意带来的负面影响。

那么，你还犹豫什么？为打造孩子钢铁般的意志力而加油吧！你今天的努力，一定能够在未来造就出一个优秀且强大的"小超人"。

[①] 斯蒂芬·埃德温·金（Stephen Edwin King, 1947—　）：美国作家，编写过剧本，写过专栏评论，曾担任电影导演、制片人以及演员，代表作《闪灵》《肖申克的救赎》《末日逼近》《死光》《绿里奇迹》《暗夜无星》等。

[②] 乔治·雷蒙德·理查德·马丁（George Raymond Richard Martin, 1948—　）：出生于美国新泽西州。通常被称为乔治·R. R. 马丁或 GRRM，美国作家、编辑、电视剧编剧兼制片人，雨果奖、星云奖、轨迹奖、世界科幻奖等文学奖项的多次得主。

第七章　言必信，行必果

子曰："言必信，行必果，硁硁然小人哉。"

——《论语·子路》

15世纪的英国诗人克里斯托弗·马洛（Christopher Marlowe）①说过："荣誉要靠我们用行动去争取。"17世纪的德国古典主义哲学家约翰·戈特利布·费希特（Johann Gottlieb Fichte）②说："只有行动，才能决定价值。"美国第35任总统约翰·菲茨杰尔德·肯尼迪（John Fitzgerald Kennedy）③说："最大的危险是无所行动。"马克思主义创始人之一弗里德里希·恩格斯（Friedrich Engels）④说："有作为是生活的最高境界。"我国著名思想家鲁迅⑤先生也曾说过："光是话不行，要紧的是做。"

这些大思想家们虽然生活在不同的年代和国家，但都不约而同地提到了相似的理念，那就是行胜于言。成功永远属于马上行动的人。无论多么光明宏伟的计划，都需要人们一步一个脚印地去实现它。这样一个朴实无华的道理，也是无可争辩的真理。我写这本书的本意，就是想帮助各位家长让孩子拥有一个光明且成

---

① 克里斯托弗·马洛（Christopher Marlowe）：英国诗人，剧作家。
② 约翰·戈特利布·费希特（Johann Gottlieb Fichte，1762—1814）：德国作家、哲学家、爱国主义者，古典主义哲学的主要代表人物之一。
③ 约翰·菲茨杰尔德·肯尼迪（John Fitzgerald Kennedy，1917—1963）：也被称作约翰·F. 肯尼迪（John F. Kennedy）、杰克·肯尼迪（Jack Kennedy，JFK），出生于美国马萨诸塞州布鲁克莱恩，爱尔兰裔美国政治家、军人，第35任美国总统。
④ 弗里德里希·恩格斯（德语：Friedrich Engels，1820—1895）：德国思想家、哲学家、革命家、教育家、军事理论家，全世界无产阶级和劳动人民的伟大导师，马克思主义创始人之一。
⑤ 鲁迅（1881—1936）：原名周樟寿，后改名周树人；字豫山，后改字豫才。浙江绍兴人，著名文学家、思想家、革命家、教育家、民主战士，新文化运动的重要参与者，中国现代文学的奠基人之一。

功的未来。然而，无论是凭借优秀的情绪管理帮助孩子构筑自信，还是通过科学的目标设定为孩子指明方向、铺平道路，都只能够帮助孩子提高目标达成以及获得成功的概率。但无论如何，行动永远都是第一位的，也是最重要的成功保证。

无论是写这本书的我，抑或是读这本书的你，我们的目标都是一致的，那就是帮助孩子更好地迈出第一步，并且在孩子成功的道路上，能够一直帮助他们更加顺利地一往直前。所以，各位家长，无论你的孩子正处于怎样的状态，无论这种状态是好是坏，都千万不要让孩子停下前进的脚步。帮助孩子管理情绪、设定目标和改善拖延，与孩子的行动与否并不冲突。家长完全可以在孩子努力行动的过程中帮助孩子进行训练和调整。况且，只有在真正的行动情景下，才有可能发现最真实的问题。所以，无论如何，都务必要让孩子行动起来。行动后发现问题，改善，然后再行动！

对于孩子本身而言，行动是锻炼意志力最好的途径。当孩子真正行动起来，当孩子在困难面前勇往直前，当孩子面对挫折不屈不挠、不放弃的时候，他们不仅仅是在接近成功，他们已经获得了成功！

无论是自信还是应对困难的能力，都是在行动中锻炼而成的。"质胜于华，行胜于言。"没有所谓的失败，除非你不再尝试。

现在就行动起来吧！用双手去开拓拼搏的进程，用双脚去丈量成功之路。

学习方法编

欲先善其事,必先利其器。

第一章 "我要学"的力量

孩子:"妈妈,给我点钱,我要买本习题册。"

妈妈:"你不是前两周才买过一本习题册吗?怎么又要买?之前那本做完了吗?"

孩子:"那本早做完了,而且比我计划的还要早完成两天呢。我们班小明买了一本习题册,我们一起学习的几个小伙伴都看过了,挺不错的,我们都商量好了,都要买,一起做。"

妈妈:"好吧。喏,钱给你,去买吧。"

孩子:"嗯嗯,知道啦。谢谢妈妈。这次考试我一定要超过小明,上次就差那么一点点了,可惜了,但这次一定行。"

妈妈:"有冲劲儿是好的,但还是要多注意休息,劳逸结合。"

孩子:"好啦,知道啦。我先走啦,回来再聊。"

这不是故事,这是在我一个朋友家里真实发生过的事情。朋友甚至有时候会因为孩子太过努力而担心孩子的身体吃不消,总是想方设法地想让孩子多出去玩一玩,放松一下。她甚至还因为这件事咨询过我的意见,询问孩子是不是出了什么问题。毋庸置疑,我告诉她这是一件好事。她的孩子在学习这件事上有着满满的干劲儿和主动性,这是十分难得的,甚至是很多家长梦寐以求的。

那么,作为家长的你,是不是对此十分羡慕呢?多数情况下,孩子对学习这件事情都不怎么喜欢,甚至有些还会产生厌恶和抗拒的心理。所以,家长才会想方设法地去诱惑或者强迫自己的孩子学习。然而,被迫学和我要学指向的是完全不同的结果。即使作为家长的你开出了十分具有诱惑力的条件和奖励,或者是凭借长家的权威迫使孩子不得不去学习,最终的结果可能都不尽人意。比起上面案例中自己愿意并主动学习的孩子，就更是不如了。

那么，究竟通过什么样的手段和方法，才能让孩子像上面案例中的孩子那样，充满主动性地去学习呢？其实答案并不复杂，这里最核心的因素就是孩子的学习动机。

所谓学习动机，是指引发和维持学生的学习行为，并使之指向一定学业目标的一种动力倾向。它包含学习需要和学习期待两个要素。想要让孩子产生"我要学"的想法，就得给予孩子充分的学习动机。而这里就涉及三个内容，即自我价值和自我激励、需求驱动、目标提醒。

自我价值和自我激励

美国著名社会心理学家亚伯拉罕·马斯洛（Abraham H. Maslow）① 在 1943 年提出了著名的马斯洛需求层次理论。他指出，人们需要动力实现某些需求，有些需求优先于其他需求，并将人的需求分为生理需求、安全需求、社交需求、尊重需求以及自我实现需求。见下图。

根据马斯洛需求层次理论的内容，我们知道成年人在满足了生理需求后，就会产生精神追求，例如，尊重需求和自我实现需求。孩子也同样如此，在吃饱喝足之后，同样也会产生精神层次的需求。比如，获得老师、家长、同学的尊重和

---

① 亚伯拉罕·马斯洛（Abraham H. Maslow）：美国著名社会心理学家、第三代心理学的开创者。

认可。又比如，通过追求成就感实现自我实现需求。而对于孩子，特别是学龄阶段的孩子，努力达成学习上的目标是一个实现这种精神需求的最佳途径和方式。

无论是现阶段禁止学校成绩排名也好，还是避免因为学习成绩而造成的校园歧视也罢。只要还是群体性的教学形式，就无法避免根据学习成绩将孩子划分为三六九等的事实。而且，孩子在学校里，也会主动互相攀比学习成绩，学习成绩好的孩子会有成就感，而学习成绩差的孩子则很容易产生自卑和焦虑的心理。

于是，提高学习成绩就成了每个孩子，甚至是每个家长的共同认知和目标。也许你要说，你的孩子不但学习成绩差，还抗拒学习。当然，学习成绩差的孩子多半会抗拒学习，但这并不代表他们不希望提升自己的学习成绩。越是学习成绩差的孩子，内心越是想要获得好成绩。抗拒只是他们在无能为力的情况下，不得不采取的自我保护手段罢了。

所以，既然每个孩子都想要提高学习成绩，那么，他们就拥有了最为原始的学习动机。成绩好的孩子为了保住自己的"地位"就会更加努力地学习，而成绩差的孩子为了改变自己的"地位"同样也需要付出更多的努力。家长一定要认清孩子拥有这种天然的学习动机的事实，才能够有效地引导孩子主动地学习，从而帮助孩子实现他们的自我价值。

需求驱动

不知道大家有没有发现一个有趣的现象，当我们还是孩子的时候，我们可能会非常讨厌学习；但当我们越来越年长，直到我们参加工作以后，反而越来越愿意去学习了。这是因为，我们在日常工作、生活中，遇见了越来越多的难题，需要我们不断补充新的知识去解决它们，于是，我们对于学习这件事的主动性变得更强了。

而想要提高孩子学习的主动性，帮助孩子意识到学习能够在生活中发挥出作用是一个很好的选择。这也是孩子学习动机的第二个内容——需求驱动。

举个例子。

妈妈："喏，这是20元钱。你去帮妈妈买一瓶酱油，就在门口的小超市，15块钱一瓶的那种。剩下的钱你自己买雪糕吃。"

孩子："剩下的钱是多少呀？"

妈妈:"你想想你在学校学会的减法,20－15等于多少?"
孩子:"嗯,等于5。"
妈妈:"对啦,剩下5元钱,你可以买两支雪糕。"
孩子:"真的吗?但是,雪糕2元一支,买两支就是2＋2等于4元钱,还剩下5－4等于1元钱。"
妈妈:"真聪明。你把剩下的1元钱留下来,下次再帮妈妈买东西就可以买新的雪糕了。"
孩子:"那好,我去买酱油咯。"

当孩子发现自己在学校学的加减法能够在生活中得到运用时,他就会觉得有意思,甚至能够举一反三,运用自己在学校学到的知识来解决更多的问题。

再看个例子。

有一次,小明看到自己家院子里的水缸"出汗"了,就惊讶地跑去问爸爸怎么回事。爸爸告诉小明,这是要下雨啦。果然,不一会儿就下起了大雨,小明惊讶不已,一直说爸爸会魔法。后来爸爸告诉小明,这并不是魔法,而是蕴藏着科学道理。因为下雨之前,空气中会有大量的水蒸气聚集,这些水蒸气附着在水缸的表面。因为水缸温度较低,这些水蒸气就液化成了水珠,所以水缸就"出汗"啦。

小明将爸爸的解释牢牢地记在了心里。一次,小明在朋友家玩,突然看到朋友家院子里的水缸也"出汗"了,就赶忙告诉朋友,说要下雨了,让朋友赶紧把晾晒的衣物收起来。朋友半信半疑地收起了衣物,突然,一阵瓢泼大雨从天而降,朋友惊讶地看着小明,一个劲儿地说小明会魔法,能预知天气。

从此以后,小明就成了学校里公认的"小小魔法师"。而小明也更加愿意去学习各种和生活有关的科学知识,成了一个名副其实的"小小科学家"。

小明学会了一个小小的科学知识,让他在朋友和同学面前挣足了面子,于是他就更加愿意去学习更多的科学知识。这就是典型的需求驱动。如果你的孩子也能发现学习的妙用,也一定会像案例中的小明一样爱上学习。

目标提醒

学习动机的第三个内容就是目标提醒。在本书"目标管理编"中，我为大家详细阐述了为孩子设定科学有效的目标的方法。设定目标的过程，往往需要孩子亲自参与，体现了孩子的个人意愿。也就是说，得到了孩子认可的目标和计划，在某种意义上是具有一定的主动性的。既然这个目标和计划是具有主动性的，那么就可以作为一种学习动机来敦促孩子主动学习。

然而，目标终究是需要一步步具体的行动去实现的，再有吸引力的目标都会具有一定的延迟性和困难属性。所以，当孩子在执行目标和计划中遇到困难的时候，可能就会受到阻碍。这时候，就需要目标提醒来提示和加强目标在孩子心中的存在感。

举个例子。

小华和龙龙既是同班同学，也是一对形影不离的好朋友。他们俩学习成绩差不多，一次考试下来，可以说是各有胜负。两个人谁也不服谁，都号称下一次考试要赢得对方。这不，小华为了让自己认真学习，把写着"战胜龙龙"四个字的纸贴得到处都是。卧室门、厕所门、书桌墙上都被贴上了写着"战胜龙龙"四个字的提示纸条。

这一天，小华在做题的时候，突然感觉到一阵困意和烦躁，丢下笔就不想再做了。但当他站起身来，看到墙上的"战胜龙龙"四个大字，内心突然颤抖了一下。他摇了摇头，转身走出了房间，走进厕所。一路上，他看到写着"战胜龙龙"四个字的纸条不下3次，终于，他在内心告诉自己，不能放弃，放弃就是认输。于是再次坐在了书桌前，继续开始认真学习。

小华明明因为烦躁要放弃了学习，却因为连续看到提醒而再次坚定了学习的念头，这就是典型的目标提醒所起到的作用。是不是很神奇？就连大作家鲁迅先生，都曾经在三味书屋他的书桌上刻上了一个"早"字。你还有什么好犹豫的呢？

将目标写在纸上，贴在显眼的地方，时刻提醒孩子他的目标是什么，他是为了什么而努力学习。需要注意的是，这个提醒目标必须是孩子主动且非常认可的目标，而并非家长自以为是地为孩子定下的目标，否则那将毫无意义。

另外，孩子的目标最好是和真实生活周边的人去比较的，这个人可以是同学，是朋友，是兄弟姐妹。其次才是奖励。因为不管是失败还是成功，本质上都是经过比较得来的。有时候，有一个自己想要追赶超越的目标，比任何奖励都来得有效。

现在你明白什么是学习动机了吗？

当然，学习动机远远不止我上面写的这三方面内容，我就见到过因为解答出一道难题而兴奋不已的孩子，对他/她而言，战胜困难本来就是一件令人兴奋的事情。还有的孩子对未知充满着求知的欲望，探索未知就是他/她永不休止的学习动机。甚至，还有些孩子为了让家长高兴去努力学习。总之，让孩子主动学习的理由千千万万，只要找准了孩子内心的动机需求，你就可以将这个需求放大再放大，成为孩子努力奋斗的燃料和动力。

试着寻找你的孩子的学习动机是什么吧，与其强迫他/她学习，不如设法让他/她爱上学习。你觉得呢？

学习方法编

第二章　学习中的时间管理

　　孩子："妈妈，最近我有些困惑。"

　　妈妈："怎么了？是在学习上遇见什么困难了吗？"

　　孩子："嗯，是这样。我最近每天早起晚睡，想方设法地抓紧每一刻去学习，但一周的时间过去了，我感觉非但没有学会更多的知识，反而好像学习效率变低了，而且还觉得很累，就连记忆力都变差了。"

　　妈妈："嗯，我明白了。你大概是在时间安排上出了问题。"

　　孩子："可是，我真的已经非常努力地学习了，我真的挤不出更多的时间了。"

　　妈妈："傻孩子，你现在需要的不是挤出更多的时间，你需要的是休息。"

　　孩子："休息？可是，时间不够用啊。我还想这次期末考试战胜班上的同学小华呢。"

　　妈妈："先别想这么多，先去好好睡一觉吧。"

　　看了上面孩子和妈妈的对话，你有什么发现吗？这个孩子发现自己似乎在学习上出了问题，导致学习效率严重下降，身体也有点吃不消。是他不够努力吗？当然不是。他已经起早贪黑地想要抓住更多的时间学习了，他甚至已经说出真的挤不出时间的话了。是他缺乏学习动机吗？似乎也不是。他说了，他还想要在期末考试战胜班上的同学小华。那么，这个又努力又勤奋，又有足够的学习动机的孩子，怎么就在学习上出现了反向的效果呢？

　　其实原因出在时间管理上。案例中的孩子为了拥有更多的时间，反而影响了自己的学习效率和学习结果，这是非常典型的因时间管理能力缺失而导致的负面结果。那么，究竟什么是时间管理？我们又为什么要去管理时间？如何才能管理好时间呢？

时间是有限的、连贯的、不可逆的。时间不会因为人们的管理就变得多、流逝得慢。所以，实际意义上通过管理时间使时间变多是不可能且不存在的。但是，我们可以通过统筹安排和计划的方式去科学利用时间。虽然不能增加时间，但可以减少时间的浪费，提高时间的利用率和产出效果。时间对于每个人都是等同的，但在每个人手中的价值却不尽相同。英国大哲学家弗朗西斯·培根（Francis Bacon）[1] 也曾说："合理安排时间，就等于节约时间。"没错，我们虽然不能控制时间，但我们可以通过自我管理而达到高效利用时间，从而让相同的时间发挥出更大的价值。这就是所谓的时间管理。

就以学龄阶段的孩子为例。孩子的时间和成年人的一样，同样都是一天24小时。而且这24小时中不可能全部都用来学习，可以被划分为学习时间和非学习时间。学习时间中，又分为在学校的上课时间和放学后的自我学习时间。一味地挤压非学习时间并不会带来好的结果，那么，如何进行时间的安排和利用，在某种意义上决定着孩子学习的效果和成败。

清晰的目标和计划是时间管理的前提条件

在讲述详细的时间利用方法前，我们必须先要有一个周密的目标设定和计划安排，这是进行时间管理的必要前提。清晰的目标指引，可以让孩子明确地知道自己要达成什么目标。而优质的目标拆解，可以让孩子知道自己每天要做些什么。只有完成了大目标的设定和小目标的拆解，拥有了明确的方向和执行计划，我们才能利用时间管理法则去优化和微调每天要怎么做的部分内容。所以，各位家长一定要谨记，在帮助孩子进行时间管理之前，详细的目标计划和学习动机是必不可少的。具体的目标管理方法可以参考本书"目标管理编"的内容，在此便不再赘述。

---

[1] 弗朗西斯·培根（Francis Bacon，1561—1626）：第一代圣阿尔本子爵（1st Viscount St Alban），英国文艺复兴时期散文家、哲学家。英国唯物主义哲学家，实验科学的创始人，是近代归纳法的创始人，又是给科学研究程序进行逻辑组织化的先驱。

学习时间并不是越长越好

家长们一定要明白一个道理，那就是孩子的学习时间并不是越长越好。需要被重点关注的是学习时间效率。从上面的案例中我们也可以看出，孩子起早贪黑，挤出更多的时间学习，却导致自己身体吃不消、记忆力下降、学习效率很低的情况出现。没错，头悬梁、锥刺股是一种良好的学习精神。但如果因为缺乏专注或是因为学习时间安排有误，就可能会导致低效地努力学习一整天的效果还比不上专注地学习一个小时。如果是这样，孩子学习的质量不够，学习时间再多又有什么意义呢？为什么会出现这样的情况呢？这就涉及生物钟和时间效率的概念。

提高学习效率，我们可以利用一些现成的时间管理方法。我在这里向大家介绍众多时间管理方法中的一种——"番茄工作法"。

"番茄工作法"的操作步骤如下：

（1）按照计划，写出每天的待办任务清单。
（2）设定你的闹钟，时间是 25 分钟。
（3）开始执行第一项学习任务，直到闹钟响起。
（4）休息 3～5 分钟，其间可以喝水、上厕所等。
（5）设定下一个 25 分钟闹钟，继续完成学习任务，一直循环，直到任务结束。
（6）每 4 次"25 分钟"，可以长时间休息一次，时间为 25 分钟。

这就是著名的"番茄工作法"。它可以帮助孩子在学习时集中注意力，还兼顾了孩子的休息调整时间，劳逸结合。它可以在很大程度上提高每一个"25 分钟"的时间利用效率。各位家长不妨和孩子试试"番茄工作法"，根据孩子的实际情况调整"番茄时钟"（不一定非得是 25 分钟），试着提高孩子的学习效率吧。

"黄金时间"和"垃圾时间"

也许你也有过这样的经历，那就是在每天的某一个或多个时间段，也许是清晨，也许是傍晚，总之在这些时间里，你会进入一种思维清晰、精神饱满的特殊状态中，你的学习或工作效率要比其他时间的高得多。但在这些时间以外，你的学习或工作效率就会相对下降，甚至在某几个时间点，可能完全无法学习或工作，即使工作了结果也会非常差。前者这种非常高效的时间称为"黄金时间"，而后者这种极为低效的时间称为"垃圾时间"。而在"黄金时间"和"垃圾时间"以外的时间，则称之为"普通时间"。

之所以会出现"黄金时间"、"垃圾时间"和"普通时间"，主要是由人类的生物属性决定的。

大部分人的"黄金时间"基本一致，集中在下面四个时间段：

清晨 6—7 点

清晨，在充分的睡眠后，人体得到了足够的休息而苏醒过来。清晨 6—7 点，人的体温升高，心跳加快，这是人一天中精力最为旺盛、记忆力最佳的时间段。这也是为什么很多人会选择在这个阶段进行晨读的原因。所以，我真诚地建议家长能够让孩子利用起这个高效时段，不要为了睡懒觉一时的舒爽，而浪费掉了一天中最优质的学习时间。

上午 9—10 点

这个时间段，人们享用早餐和前往学习、工作单位的时间已经结束，完成了学习、工作前的基本准备，身体正处于一种良好舒适的状态。这个时间段内，人们的身体舒适、情绪平稳、精力充沛，属于一天中的第二"黄金时间"。

晚上 7—8 点

这个时间段，人们刚刚吃完晚餐，结束了一天疲惫的学习和工作，处于休息放松的状态。这个阶段属于人体状态较好的第三"黄金时间"。但值得注意的是，这个时间段并不是特别适合学习、工作，而更适合休息和调整。当然，如果孩子选择在这个时间段学习，也是没有问题的，这个时间段更适合孩子温习一天所学所得。

晚上9—10点

这个时间段，已经接近快要休息的时间。但因为距离晚餐时间较长，人体消化程度较好，所以这个时间段人的大脑也是处于一个非常清醒的状态，记忆力也处于一个较好的水平。这个时间段，更适合为次日的学习做准备，也比较适合读一些课外书籍。让孩子睡前看看书，也是一个不错的选择。

那么，大脑的"垃圾时间"又是在什么时候呢？

饭后时间

大脑的"垃圾时间"，大部分产生于饭后。早餐后、午餐后和晚餐后，由于人刚刚吃过食物，大部分血液集中供给消化系统，会造成大脑缺氧的状态。在这种状态中，人们的分析能力和记忆力都会大幅下降，直到消化好后才有所改善。这也是为什么很多人吃过饭后会产生困意，变得慵懒的原因。

睡前半小时

当人们感受到困意，就会选择睡觉来补充体力和精力。睡前半小时是大脑疲劳感最明显的时间，也是记忆力最差的时间。在这段时间内，即使强行学习也只会增添痛苦，而很难得到收获。

应该让孩子充分利用大脑的"黄金时间"，在精力最好的时候做最重要的事，可以让他们的学习效率事半功倍。而大脑的"垃圾时间"也并非真的"垃圾"。"垃圾时间"更适合去休息，千万不要试图采用各种各样的手段去强行利用，因为既不值得，也没必要。不如让孩子抓紧时间好好休息，放松一下，为接下来的学习增添动力。

断舍离，清除占用时间的"垃圾"

通过高效利用"黄金时间"来提升孩子学习效率的同时，家长们也应该仔细思考一下是否还存在着一些浪费孩子有效学习时间的事项。我们总是在强调，将最重要的事放在最佳时间去做,但很少有人能够换一个角度去思考问题,是不是有一些不重要的,甚至毫无价值的事项在占用着孩子宝贵的时间。

进化论的奠基人查尔斯·罗伯特·达尔文(Charles Robert Darwin)[1]曾说:"敢于浪费哪怕一个钟头时间的人,说明他还不懂得珍惜生命的全部价值。"时间是有限的,如果被毫无价值的垃圾事项所侵占,可用的时间就会变少。所以,当孩子的学习时间有些不够用时,家长就该有所警觉了。也许孩子的时间是被垃圾事项所侵占浪费了。

举个简单的例子。

当你的孩子学会了某个知识,而且已经能够运用这个知识去解决实际问题了,那么代表他/她已经掌握了这个知识点。随后间断性地再去练习这个知识点相关的内容,可以当作温故和复习。但如果在掌握之后,每天还不断地练习已经掌握的知识,那么就会造成时间浪费。同样的时间,必须要创造出更大的价值,而重复已经实现的价值,则是毫无价值可言的浪费行为。有些孩子甚至可能会以重复练习已经掌握的知识点,来拖延和抗拒学习新的知识点。因为学习全新的东西,要比重复一个已经掌握的东西要难得多。所以,家长们一定要随时关注自己孩子的学习和知识掌握情况,防止出现重复且无意义的垃圾事项,让孩子的宝贵时间能够发挥出更具价值的力量。

"拿来主义"能够节省时间

有着"近代物理学之父"之称的英国物理学家艾萨克·牛顿(Isaac Newton)[2]曾经说过:"如果说我看得比别人更远些,那是因为我站在巨人的肩膀上。"其实不只是牛顿,如今我们每一个人都是"站在巨人肩膀上"学习和工作。孩子在学校学习的每一条科学公理和定律,都是前人呕心沥血的智慧结晶。

---

[1] 查尔斯·罗伯特·达尔文(Charles Robert Darwin, 1809—1882):英国生物学家,进化论的奠基人。
[2] 艾萨克·牛顿(Isaac Newton, 1643—1727):爵士,英国皇家学会会长,英国著名的物理学家,百科全书式的全才,著有《自然哲学的数学原理》《光学》。

既然有这样的先天优势，就要好好利用，而非浪费。

举个例子。

如果一个上小学的孩子跟你说，他想要自己证明 1＋1＝2，你会怎么想？也许你会夸奖他，认为他有志向，未来一定可以成为一个数学家。但如果我告诉你，他是认真的，而且不证明出来，他就不用 1＋1＝2 这个结论来做其他的题，你会怎么想？你应该不会觉得他有想法了吧？你甚至可能会批评他，让他不要做这些无用功。其实，先不说孩子有没有这种能力，光是做这样一件事，对现阶段的他也是毫无意义的。如果你说不能打击孩子的积极性和想法，你还是准备夸奖他，反正他失败后也就不会再异想天开了。那你就错了，也许下一次他就要证明牛顿的万有引力定律了，你到时候还夸他吗？他在现阶段无论是技能储备、专业知识抑或是认知范畴等条件暂不具备的情况下，在这种事情上浪费了大量的时间，真的值得吗？

我们既然是"站在巨人肩膀上"，那就应该好好利用这种便利性。孩子从书本上可以学到很多已经被证明的科学知识，可以直接拿来利用。同样，当孩子在学习中遇到困难时，他并不需要自己一个人死磕，而是可以通过求助老师和同学来解决问题。也许，他遇见的困难别人已经解决了。你解决的问题可以教给其他同学，其他同学掌握的知识可以传授给遇到困难的你，大家互相帮助，共同学习，就可以节省大量的不必要浪费的时间。

当然，这里的"拿来主义"并不是抄作业，不是为了完成任务而不加思考地照抄照搬，这种做法是一定要拒绝和杜绝的。

学会利用碎片时间

在孩子的生活中，有很多时间是碎片化的。比如课间的 10 分钟，在上学路上、公共交通上的半小时。这种时间看似碎片化，但其实每天加起来是一段不短的时间。当孩子说自己没时间的时候，你或许可以想想，是不是能够利用这些碎片时间。

举个例子。

假设每天孩子在公交车上有半个小时的碎片时间，那么，他是否可以利用这个时间？每天多出半个小时进行阅读，这样一周就能多看一本书。也许，孩子可以利用课间 10 分钟整理一下老师课堂上的笔记，回顾一下刚刚课堂上听到的知识点，梳理一下哪些已经掌握，哪些需要再次加强学习。这个时间很短，但积少成多，而且真的会很有用。当你的孩子拥有了碎片时间，他就比别的孩子拥有了更多的学习时间。

另外，除了碎片时间外，还存在着一种被称作"暗时间"的时间概念。"暗时间"是指即使你在手头有事情在忙的情况下，也能思考其他事情的时间。最简单的例子就是，你在洗澡的时候，其实是可以在脑子里回顾一些和洗澡无关的事情的。只要你肯去寻找，其实这样的时间还有很多。如果孩子能够利用这样的时间去反思自己在学习上的得失和学习方法是否有效，甚至利用这样的时间巩固记忆已经学习的知识点，也是极为有益的。与其浪费这样的时间，不如妥善地利用起来。这样，才真的能够做到将时间挤出来。

休息好，才能更高效地学习

前面我一直在讲怎么挤时间，怎么利用"黄金时间"。那么，现在我想告诉你，让孩子休息好，他才有可能将学习时间利用得更好。其实这个观点很容易理解，我前面提到了学习时间和非学习时间的概念，也提到了清晨 6—7 点是第一"黄金时间"。孩子不可能像机器一样一刻不停地运作，孩子需要休息。在孩子的非学习时间里，一定要保证孩子能够得到充足的睡眠和休息。如果孩子连充足的睡眠都没有，那么所谓的"黄金时间"很可能就会变成"垃圾时间"。当然，很多孩子在起床和睡觉这两件事情上，都会有着不同程度的拖延，家长们可以参考我在本书"战胜拖延编"提到的战胜拖延的方法来帮助孩子。

另外，一定要保证孩子拥有合理的体育锻炼时间。拥有一个健康的体魄，是一切学习和工作的最基础保障。孩子身体越健康，精力就越旺盛，相对而言"黄金时间"就会越多越持久，学习效率也就会越高，结果就会越好。所以，体育锻炼是不可以缺少的，千万不能为了节省时间而去压榨非学习时间，以防捡了芝麻丢了西瓜。

最后，还有一个容易被家长们遗忘的关键点，那就是饮食。孩子的饮食健康在很大程度上影响着孩子的身体健康和精力。而且，饮食还能够在一定程度上帮助孩子舒缓情绪，避免负面情绪带来的诸多麻烦。

好的饮食、优质的睡眠、健康的体魄，是孩子能够更好地学习的三大保障，也是孩子健康成长的必要条件。而家长是孩子拥有这三大保障的坚强依靠。帮助孩子管理时间，帮助孩子高效学习，先从照顾好他们开始。

时间是无法被掌控和改变的，我们唯一能够做的，就是管理好我们的时间。帮助孩子合理地利用时间，让孩子拥有更加高效和优质的学习时间，帮助孩子在成功路上更进一步。你，学会了吗？

第三章 丰富多样的学习方法

子曰:"工欲善其事,必先利其器。"

没错,一个孩子学习成绩的好坏,往往是由学习时间和学习方法这两个因素所决定的。在上一章中我和大家分享了关于学习时间管理的一些理念和方法。然而,你是否发现,有的时候,即使孩子花费了大量的时间,也足够勤奋和努力,但依然学习效率不高,学习效果也非常一般。其实,这不仅与学习时间管理中的学习效率有关,更与学习方法有关。毕竟,死记硬背是无法支撑孩子完成整个学业阶段的,而一种好的学习方法,则能够帮助孩子在学习中达到事半功倍的效果。那么,接下来我会分享一些优质的学习方法供大家参考,希望能够帮助到你和你的孩子。

费曼学习法(Feynman technique)

费曼学习法又称快速学习法,也有人称之为史上最强学习法。从名字就能看出,费曼学习法源自诺贝尔物理学奖获得者理查德·菲利普斯·费曼(Richard Phillips Feynman)[①]。费曼是继爱因斯坦之后的最为著名的物理学家,他是量子电动力学创始人之一,也是世界上第一个提出纳米技术的科学家,被称为"纳米技术之父"。

费曼学习法认为知识可以分为两种类型:第一种类型注重了解某个事物的名称,第二种类型则注重了解某件事物的本质。该方法认为人们大多数关注的都是

---

① 理查德·菲利普斯·费曼(Richard Phillips Feynman, 1918—1988):美籍犹太裔物理学家,加州理工学院物理学教授,1965 年诺贝尔物理学奖得主。

错误的一类知识,并着重提醒人们要去关注事情的本质。费曼学习法就是这样一种能够帮助我们快速了解事物本质的技巧和方法。它的核心要义就是通过最为简单的方法去复述一个知识概念,凭借相应的反馈结果去加强记忆。

唐代大诗人白居易就是一个运用费曼学习法具有表性的例子。白居易的诗歌以平易近人著称。据说他每写出一首诗就会拿去念给市井小贩甚至是八旬老人听。但凡有普通人听不明白的地方,他就会记录下来并重新改过,直到大部分普通人都能明白他的诗歌所表达的含义,他才会宣布完成了一个新的诗歌作品。

常言道教是最好的学。人们会经常性地认为自己已经掌握了某个知识点,但殊不知还有一些理解和记忆的薄弱环节是很难被发现的。在利用复述和教别人的方式去讲述自己对知识点的理解的过程中,很容易发现这些平时难以被发现的薄弱环节。白居易就是如此,他通过念自己的作品给市井小贩听,借助他们的反馈来发现诗歌中表达不准确的部分,从而对作品进行改善,创作出一首首流传千古的佳作。我们在日常生活中也是一样,当我们在向其他人讲述我们对某个知识的理解时,很容易发现自己会遇到一些表述不清,甚至结巴、卡壳的地方。这些地方就是你对该知识点理解的薄弱之处。发现这些问题点,将知识理解的盲点外现出来,再具有针对性地去完善它,你就能真正地掌握这门知识,快速有效地完成学习过程。

利用费曼学习法帮助孩子学习的步骤如下:

第一步,选择目标知识,让孩子尽可能充分地理解知识

家长们应该主动关注,并且帮助孩子选择和理解目标知识点。这些知识点可以是在学校学来的,也可以是通过课本自学、家长传授而来的。

第二步,让孩子将目标知识用他自己的语言讲给父母听

这个过程需要家长和孩子互动,尽可能形成一种孩子学习后反过来教家长的家庭学习模式。家长通过这个过程,主动记录孩子讲述中遇到的卡壳以及模糊不清的部分,准确地锁定孩子在知识理解上的薄弱点。在这个过程中,家长还可以通过让孩子做一些练习题的方式,锁定孩子的知识薄弱点和记忆漏洞。

第三步，针对知识薄弱点和漏洞，补充和完善学习

这一步是具有针对性的学习和加强，让孩子重新理解自己模糊不清的地方和记忆点，直到孩子能够完全流畅地复述和讲授这个知识点为止。

 第四步，精简到极致

经过第三步，孩子已经完全掌握了某个知识点，但仅仅如此还是不够。家长需要帮助孩子再次以最精简的语言和方式将这个知识点讲述出来。越精简，代表孩子理解越透彻，也越容易记忆。

费曼学习法对于帮助孩子真正快速充分地理解学习到的知识和概念是非常有效的，也能够帮助孩子查漏补缺，及时发现自己学习上的漏洞和薄弱环节，从而更具针对性地去解决和应对。所以，当家长觉得自己的孩子在知识理解和记忆上存在问题，不妨试一试费曼学习法，也许会有意料之外的收获。

西蒙学习法（Simon learning method）

西蒙学习法又称锥形学习法，它是由诺贝尔经济学奖获得者希尔伯特·西蒙（Herbert Simon）[1] 教授提出的。西蒙教授认为："对于一个有一定基础的人来说，只要真正肯下功夫，在 6 个月内就可以掌握任何一门学问。"

西蒙学习法认为，人在一分钟到一分半钟的时间可以记忆一个信息，这被称为是一个信息块。而一门学问大约由 5 万个信息块组成，如果按 1 分钟记忆一个信息块来计算，记忆 5 万个信息块大约需要 1000 个小时。西蒙教授以每周 40 小时学习时间为基础进行测算，得出学会一门学问大概需要 6 个月的时间。

居里夫人[2]说过："知识的专一性像锥尖，精力的集中好比是锥子的作用力，时间的连续性好比是不停顿地使锥子往前钻进。"西蒙学习法的核心就在于连续

---

[1] 希尔伯特·西蒙（Herbert Simon）：计算机领域著名科学家。曾经获得诺贝尔经济学奖、计算机领域的图灵奖等该领域的世界最顶尖奖项。

[2] 玛丽·居里（Marie Curie，1867—1934）：出生于华沙，世称"居里夫人"，全名玛丽亚·斯克沃多夫斯卡·居里（Maria Skodowska Curie），法国著名波兰裔科学家、物理学家、化学家。

性地钻研和学习。该学习法认为，由于学习本身包含着对过去知识内容的回顾，所以同一领域连续性的长时间学习可以省去大量的复习时间，从而使学习过程变得更加高效。对此，有一个十分精彩的类比。就好像烧一壶水，如果断断续续地加热，也许一万个小时也无法烧至沸腾。但持续加热，只需要几分钟就可以将水烧开。西蒙学习法的核心就是讲述了这样的道理，它着重于一种学习中的优势积累，而不是一种数量的积累。

家长在帮助孩子学习的时候，也可以适当利用西蒙学习法。举个例子，如果你的孩子每天放学回家后都要分别学习五六门课程，那么一晚上分配到每一门课程上的时间其实是非常有限的。而且，事后还要花大量的时间去复习之前学过的知识，这无疑造成了孩子本就不宽裕的学习时间的浪费。但是，如果能够让孩子在某一门课程上的学习时间变得更长、更持续，就可能会得到更好的效果。

家长们可以根据孩子的实际情况，妥善安排和分配孩子的学习时间和学习内容，尽可能地做到让孩子的学习精力更加集中和持续，这样对孩子的学习是很有帮助的。

交叉学习法

相较于强调专注和优势积累的西蒙学习法，交叉学习法则更加倾向于通过利用多学习任务的穿插来提高学习效率。从字面意思来看，交叉学习法似乎与西蒙学习法的理念完全背道而驰，但事实真的如此吗？西蒙学习法强调任务时间的完整性而并不是一味地强调时长。就好比刚刚的例子，断断续续地烧水加热，一万个小时也烧不开，连续不断地烧水，几分钟就可以烧开。西蒙学习法强调的正是这几分钟的完整性，而不是说非要烧一万个小时的水。交叉学习法强调的多学习任务穿插，也是在任务执行相对完整的情况下，通过穿插不同的任务来达到让大脑得到休息和放松的目的，从而保持思维能力的活跃度。

交叉学习法又称混合学习法。该方法认为在学习中可以多学科、多任务地穿插进行。这样一方面可以帮助大脑获得一定的休息和放松，有助于压力释放和开阔思路；另一方面则可以保证孩子在学习过程中，不会全凭个人喜好就只在某一学科上花费大量时间，造成偏科现象的出现。

交叉学习法的运用有如下三种方式：

劳逸结合交叉法

还记得前面提到过的"番茄工作法"吗？没错，就是那个学习25分钟，休息3～5分钟，然后再学习的学习方法。"番茄工作法"对于提高学习效率是很有帮助的。原因就在于它属于一种劳逸结合的交叉学习方法。有科学研究证明，10～12岁孩子的注意力集中时间为25～30分钟。连续学习超过30分钟，孩子的注意力就会开始分散，相应的学习效率也就会有所下滑。对于这种现象，强迫孩子长时间连续学习是有悖孩子的生理规律的，反倒是穿插3～5分钟的休息时间，会更加有助于孩子集中注意力和提高学习效率。

学科交叉法

社会主义学说的创始人，伟大的思想家卡尔·马克思（Karl Marx）① 曾经说过，他说当他自己做研究感到疲惫的时候，就会通过做数学题的方式让大脑得到放松和休息，然后再投入紧张的科学研究中去。马克思的这种做法，其实就是一种典型的学科交叉法的应用。当孩子学习时，一味地在一门学科上投入大量的时间是不明智的。这不仅会造成思维疲劳，还可能会导致偏科现象的出现。而且，孩子对于不同学科的喜好程度也是有所不同的，如果让他们自己选择，他们就会在自己喜欢的科目上花更多的时间，在自己不喜欢的科目上花费更少的时间。这种情况持续久了，就会造成偏科和短板效应。

举个例子。

当你在健身房健身的时候，你难道会用全部的时间只锻炼一个部位吗？我想应该不会吧。正常来说，应该是多种项目的综合性锻炼才符合常理。

《纽约时报》的记者本尼迪克特·凯里（Benedict Carey）② 在《如何学习》

---

① 卡尔·马克思（Karl Marx，1818—1883）：全名卡尔·海因里希·马克思（Karl Heinrich Marx），马克思主义的创始人之一，第一国际的组织者和领导者，马克思主义政党的缔造者之一，全世界无产阶级和劳动人民的革命导师，无产阶级的精神领袖，国际共产主义运动的开创者。
② 本尼迪克特·凯里（Benedict Carey）：美国作家，代表作《如何学习》。

一书中这样写道："学习学科切换，有助于强化不同题型和解题思路概念间相匹配的能力。"不同学科知识间的切换，可以避免单一内容带来的单调和压抑，同时也可以有效地利用左右脑不同功能区域的转换而提高效率。

家长可以在帮助孩子制订学习计划的时候提前安排好各种不同学科穿插学习的方式，然后根据孩子的学习状态和效果进行有依据的微调，这样可以在很大程度上提高孩子的学习效率。

 难易交叉法

除了上面两种交叉学习方式外，难易交叉法则是比较常见的学习方法。本书"战胜拖延编"讲拖延行为的诱因时提到过，孩子一旦遇上一道难题，如果不会跳过去，就会陷入焦虑和烦躁，就可能造成拖延行为的出现。困难会阻碍孩子学习行为的继续，连续做困难的题目，更会严重打击孩子的自信心，让孩子产生放弃和逃避的念头。这就需要通过难易交叉法的方式来进行学习。

家长可以根据孩子的实际学习能力和水平，帮助孩子科学地区分难题和简单题目，交叉混合着让孩子去完成学习的过程。这能够帮助孩子的自信心不会被连续出现的困难所击垮，能够让孩子的学习行为和心态变得更加健康和持久。

思维导图学习法

记笔记是最基本的，也是最原始有效的一种学习方法。相信你和你的孩子都有过这样的感受，当笔记记得越来越多的时候，看着密密麻麻的笔记和厚厚的笔记本，却似乎不知道该从何下手了。这意味着这种记笔记的方法是无效的吗？并不是。这只能说明你和你的孩子并不懂得如何科学地记笔记。

英国学者托尼·博赞（Tony Buzan）① 有着"世界记忆之父"和"记忆大师"之称。他是记忆方面的超级专家，凭借发明了"思维导图"（mind mapping）这一简单便捷的思维工具而闻名世界。《泰晤士报》这样评价他："让人类重新认识大脑，如同斯蒂芬·霍金让人类重新认识了宇宙。"

---

① 托尼·博赞（Tony Buzan，1942—2019）：英国伦敦人，毕业于美国哥伦比亚大学，思维导图发明者，拥有心理学、语言学和数学多种学位，是记忆方面的超级专家，出版了80多本著作，是世界记忆锦标赛的创始人，被称为"世界记忆之父"和"记忆大师"。

其实，远在古希腊时期，哲学家波菲利①在为亚里士多德②的著作《范畴》撰写导言的时候，就曾经把亚里士多德的思想基础表述为一张两叉划分的树状图，这就是历史上著名的"波菲利之树"（Porphyrian tree）。思维导图法"波菲利之树"有着异曲同工之妙，它是一种表达发散性思维的有效图形思维工具。

思维导图充分运用了左、右脑的机能优势，利用记忆、阅读、思维的规律，将人们在艺术、逻辑上的能力平衡地链接了起来。它采用图文并茂的技巧，把不同层级主题的关系用相互隶属与相关的层级图表现出来，把主题关键词与图像、颜色等建立成记忆链接。思维导图拥有方便记录、加强记忆、逻辑过程清晰自由等鲜明的优势，能够达到一种"既见森林，又见树木"的优秀效果。

思维导图学习法的三个关键点分别是：中心点、分支线、关键词。具体步骤如下：

锁定学习内容的中心点和关键词

这里的中心点指的是孩子笔记的"根"，即哪个学科，例如语文、数学等大的学科分类。而关键词指的是一些关键的知识点。大多数情况下，关键词可以在书籍目录或者大纲中获得，例如某某公理、某某定律等。

归纳收集关键词的子项

有了关键词之后，家长就可以帮助孩子总结归纳所有与关键词有关的内容。比如，一些分支定理和公式，将其以最简单的语句，整理归纳到关键词的子项中去。

把多个小思维导图放入大思维导图之内

这里就涉及整体与部分的关系和方法运用。有时候，孩子不可能一开始就能做出很棒的思维导图，而是从每一个知识点、每一个章节，甚至是每一个学科来

---

① 波菲利（Porphyrian）：古希腊哲学家。
② 亚里士多德（Aristotle，前384—前322）：古希腊人，古代先哲，世界古代史上伟大的哲学家、科学家和教育家之一，堪称希腊哲学的集大成者。他是柏拉图的学生、亚历山大的老师。

分别制作思维导图的。但当思维导图过多，就会变得混乱，这就违背了我们为了清晰易用而制作思维导图的初衷。这时候就需要将小的思维导图合并进大的思维导图之中，将知识整合起来，形成一个完整的知识系统，达到清晰易用和加强记忆的学习目的。

思维导图学习法，说到底是一种对孩子逻辑思维能力的培养和提升的过程。逻辑思维能力，可以在很大程度上帮助孩子找到关键点，理清逻辑线，找到最为本质的，也是最为严密的核心知识逻辑。

现如今，有一个叫作少儿编程的少儿学习领域越来越火热，越来越多的家长纷纷为自己的孩子报名参加各式各样的少儿编程课外培训班。这也是整个社会越来越重视孩子的逻辑思维能力的一种体现。据密码营地创始人姚华南先生所述，现如今少儿编程学的并非我们成年人印象中的充斥着代码字符的编程，已然不再是让孩子坐在电脑前埋头一行行地写代码，而是采用一种类似拼积木的方式，将代表着不同功能的"积木块"通过在线编辑器拖拽至固定区域，将代码积木按照一定的先后逻辑关系，组装拼接在一起，做出一个具备完整功能的小程序或者小游戏的过程。这种寓教于乐的学习过程，对于训练孩子的逻辑思维能力有着非常显著的效果。

另外，还有一些比较潮流的思维训练方式值得大家参考和采用。比如，千变万化的乐高积木，不仅好玩，还能促进孩子的学习。学习并不是枯燥乏味的，主要看你有没有找到对的形式。

SQ3R 阅读法

一个孩子的学习过程，主要由两部分组成：一个是"听"，一个是"看"。"听"是在课堂上听老师的讲授；"看"则是在非课堂时间，通过阅读书籍获得知识的学习过程。阅读自古至今都是人们最为常规的获取知识的来源。从某种意义上来说，一个擅长阅读的人，就是一个擅长学习的人。

1943 年，美国教育心理学家弗朗西斯·罗宾逊提出了一项有效的学习和记忆策略——SQ3R 阅读法。SQ3R 是 survey、question、read、recite、review 五个英语单词的第一个字母，分别代表"浏览、提问、阅读、复述、复习"五个学习阶段。

浏览（survey）

该学习法强调在正式阅读一本书之前，要先重点关注书的前言提要和大纲、目录等框架式的内容，以便快速对该书的内容有一个框架式的了解。通过这样的方式不仅可以让人快速了解书籍的大致内容，还可以让人对书籍的难易度、哪些部分是全书的重点以及重点知识在哪里有一个快速的心理认知，从而可以对阅读该书籍做出更加合理的时间分配和调整。

例如，当你给孩子新买了一本教辅书，如果孩子只是从头到尾认真阅读，之并不是一种高效的方式。而且，由于孩子对知识掌握程度的不同，这本教辅书中的每一个章节和部分，对于孩子来说价值也都不尽相同。通过浏览的方式，孩子可以快速地知道自己需要的知识讲解在书的哪一部分，也能够快速了解到哪些部分是已经掌握了的知识，这部分内容完全可以被快速翻看甚至跳过。这样就可以减少不必要的时间浪费，提高孩子的阅读和学习效率。

另外，又比如说语文课本。在很多篇目之前都会有一些重点摘要或者中心思想的概述，以及作者的背景和文章写作背景。千万不要小瞧这些内容，也恳请大家尽量不要跳过这一部分。这些内容对于理解文章的核心思想是非常有帮助的。现实中有很多人不喜欢阅读书籍的前言或者作者背景资料，其实这样反而容易在之后的阅读中遇到困难。到那时候再被迫返回来阅读，不仅会打断阅读进程，还会造成时间的浪费。

提问（question）

在对全书有一个框架式的认知和了解后，可以针对已经获取的部分信息做出一些提问。例如，目录中的哪一个标题让你比较感兴趣，好奇具体发生了怎样的事情。这就能让你保持一颗好奇心，有助于激发学习兴趣，帮助你在接下来的阅读中集中注意力。另外，在阅读中，如果遇到了任何困惑或者有不明白的地方，一定要将问题记录下来，这就是学习中的困难点，将它们记录下来有助于你稍后回顾钻研和解决问题，以免遗忘和造成知识疏漏。

学习方法编

阅读（read）

有了浏览和提问作为基础，就该进入仔细全面的阅读阶段。这个阶段是对前面问题的解答和补充环节，同样也是再次发现新知识和新内容的重要阶段。阅读时应该着重阅读那些被重点标识（如加粗、画线）的文本内容，并且做好相应的笔记，以便未来回顾复习使用。

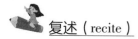
复述（recite）

复述环节其实和前面提到的费曼学习法中的以教促学的方式有着异曲同工之妙，有助于巩固知识，加强记忆。

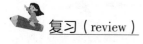
复习（review）

人的大脑记忆会随着时间的流逝而被遗忘，这是人脑机制所决定的。复习是对抗遗忘的最好方法，也是对旧知识重新思考和理解的纠正过程。正所谓温故而知新，说的就是这个道理。

艾宾浩斯遗忘曲线

刚刚我们提到了人脑的遗忘机能，我们必须通过复习的方式去对抗遗忘。然而，复习的次数和时间真的越多越好、越密集越好吗？其实并非如此，如果要求孩子进行太过密集的复习，不仅会浪费孩子的时间，还可能会导致孩子对复习这件事产生一种得过且过的敷衍心态。所以，我们必须要根据人脑遗忘机能的规律来安排复习，只有这样才能有更为高效的收获。

1885 年，德国心理学家赫尔曼·艾宾浩斯（H. Ebbinghaus）[1] 通过研究发现了人类大脑对新事物遗忘的规律。他指出："遗忘在学习之后立即开始，而且遗忘的进程并不是均匀的。最初遗忘速度很快，以后逐渐缓慢。"他通过实验描绘

---

[1] 赫尔曼·艾宾浩斯（Hermann Ebbinghaus, 1850—1909）：德国心理学家，出生于德国巴门。1890 年，艾宾浩斯和他人共同创办了《心理学和感觉生理学杂志》。

出遗忘进程的曲线，即著名的"艾宾浩斯记忆遗忘曲线"，见下图。

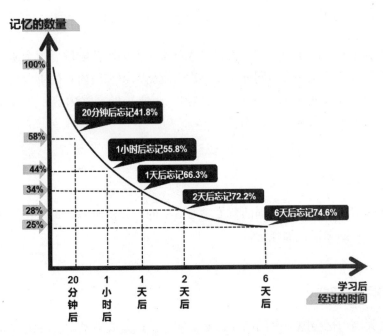

遗忘曲线公式：$y = 1 - 0.56x \times 0.06$（$x$：初次记忆后经过了的小时数；$y$：记忆率）

艾宾浩期记忆遗忘曲线

通过上面的遗忘曲线公式和图，我们可以清晰地看到，随着时间的推移，遗忘程度大致是：20分钟后遗忘41.8%，1个小时后遗忘55.8%，8～9小时后遗忘64.2%，1天后遗忘66.3%，2天后遗忘72.2%，6天后遗忘74.6%。据说有人做过这样的实验，让两组学生学习同样一篇文章。甲组学生在学习后不规律地复习，第二天记忆率为36%，一周后记忆率仅剩13%。乙组按照遗忘曲线的规律安排复习，一天后的记忆率为98%，一周后记忆率依然高达86%。乙组记忆率明显高于甲组。所以，根据遗忘曲线的规律安排复习，对于学习效率的提升和记忆率的提高是十分明显和有效的。家长们可以尝试以此为依据来为自己的孩子安排复习的时间和频次，帮助他们获得更加优质的学习效果。

第四章　四种学习思维

在前面我介绍了六种高效的学习方法。我并不要求大家都能全部掌握，因为这对于还在学龄阶段的孩子来说太过困难。但我希望每个人都能够从中获益，能够帮助自己的孩子在学习中少走弯路，稳步向前。为此，我特意将前面讲到的学习方法加以整合，为大家总结出四种学习思维，供大家参考和利用。

精简思维

数十万字的书籍，我们很难全部记忆下来，但如果将其内容精华精简到只有几百几千字，就很容易记下来。正所谓，会读书就是把书读薄，就是这个道理，这其实就是精简思维。我们最初所接触到的知识一定是繁复且细致的，因为详细的资料可以帮助我们更好地理解知识本身。然而，在我们充分了解知识之后，这种繁复就会变成阻碍我们记忆和理解的负面因素。这时候，就需要利用精简思维来提炼出最为核心和精华的知识内容，以便于之后的再学习使用。

精简思维在各种知名的学习方法中都有所体现。例如，费曼学习法所提到的用最简单的方式复述知识点。又如，思维导图学习法中的每一条枝干，更是精简思维的现实体现。SQ3R阅读法中的浏览和复述环节，也贯穿着精简思维的理念。

正所谓，会读书，读好书，读薄书。效率是学习的生命。效率越高，孩子的学习能力就越强，能够分配的学习时间也就越长，就越容易和同龄人拉开差距。家长们想要让孩子在学习中提高效率，就一定要培养孩子化繁为简的能力。

框架思维

学会精简能够帮助孩子从纷繁复杂的混乱中得以脱身，但仅仅拥有化繁为简的能力，可能还不够。打个比方，精简思维就是要求孩子在众多零件中挑选出真正需要使用的零件，剔除多余的垃圾零件，而框架思维则是要求孩子能够将挑选出来的零件组装起来，变成一个整体。在大多数情况下，精简过后的知识点和学习内容的数量依然不在少数。孩子可能刚从混乱中脱身，就又深陷于另一个混乱之中。这时候，就要求孩子拥有一种将精简之后的杂乱内容进行整合、分类、链接的能力。这就是所谓的框架思维。

框架思维主要分为三个步骤：搭建框架、优化框架和填充框架。最能体现框架思维的学习方法是思维导图学习法。思维导图学习法通过中心点、分支线、关键词，将知识以极简的方式链接起来并且加以表述。"既见森林，又见树木"这句话就是对框架思维最为形象和有力的表述。

实用主义思维

正所谓，学以致用。实用主义思维是学习中最应该被贯彻和落实的思维模式。还记得我在前面讲学习动机时提到过的需求动机吗？当孩子可以利用算数计算买雪糕的钱，当孩子可以利用科学知识在同学面前变成"小小魔法师"的时候，他们就会主动爱上学习。还记得我在前面讲学习时间管理时提到过"拿来主义"能够节省时间的事情吗？孩子根本没必要去自己证明 $1+1=2$，"站在巨人肩膀上"的他们，只需要学会如何使用先贤们留下的宝贵财富就可以了，不是吗？

实用主义思维其实就是学以致用和"拿来主义"的综合表述。用"拿来主义"来节省孩子宝贵的学习时间，通过学以致用来增强孩子的学习动机，让孩子既能高效学习，又能爱上学习，这不就是作为家长的你想要做好的事吗？

木桶效应思维和边际效应思维

一只水桶能装多少水取决于它最短的那块木板,这就是著名的木桶效应。经济学中也提到过一个相似的概念——边际效应,指在一定时间内,人们消费某种商品的数量在不断增加,得到的总效用却是以一种递减的速度在增加,即边际效用是递减的。当商品消费量达到一定程度后,总效用达到最大值,此时边际效用为零;再继续增加消费,总效用并不会有所增加,反而会逐渐减少,此时边际效用为负数。

在孩子的日常学习中,也存在着木桶效应和边际效应。你是否发现孩子的某一学科成绩从60分提高到90分,要比从90分提高到95分容易得多?你是否发现当你的孩子严重偏科的时候,即使某一学科得了满分,但另一学科的成绩却不及格,也很难达到升学的标准?家长应该拥有木桶效应思维和边际效应思维这两种思维模式,并通过这两种思维模式去管理和指导孩子制订学习计划。这里面最为常见的就是利用交叉学习法让孩子多学科交叉学习,避免出现偏科现象成绩。另外,在孩子的学习水平达到一定的高度时,相应成绩提升速度变慢甚至停滞,也并非因为孩子不够努力。家长一定要以科学的思维模式去观察孩子的学习,避免过犹不及和用不合理的要求伤害孩子学习的积极性。

利用好这四种学习思维,你就能够帮助孩子在学习上拥有最好的心态和学习状态,能够最大可能地走向成功。

第五章　几个实用的校园学习策略

如今的孩子，一天中大部分时间都是在课堂上、在校园中度过的。课堂不仅是孩子学习知识的主要来源，更占用了孩子绝大多数的学习时间。那么，如何有效地利用课堂时间则是我们应该去重点关注的内容。我在这里为大家介绍几个比较实用的学习策略供各位家长和孩子参考使用。

课堂笔记本＋错题本＋摘抄本

孩子们在学习过程中，接触最多的就是课本和笔记本。特别是在学校里，课堂上老师主要是通过讲和板书的方式，向孩子们传递和解析知识。但是，我们都知道，孩子的注意力和专注度是十分有限的，10～12岁的孩子的注意力集中时长都很难超过30分钟，更别说年龄更小的孩子了。然而，课堂时间却大多都超过了30分钟。如果因为孩子注意力不集中导致没能接收到老师所传递的知识信息，那么孩子学习上的盲点和漏洞就会产生。这其实也是大部分孩子学习成绩差的重要因素，因为一个知识点没注意到，也没通过学习回顾去再次搞明白，就会出现越来越多的连锁反应，当然也就不可能学习成绩好了。解决这个问题的最好方式就是记笔记。即使专注度不够，孩子也可以通过记笔记的方式将老师写下的和口头传达的知识点有效记录。有了这个记录，就可以利用碎片时间进行回顾和再学习。所以，一个好的笔记本是可以有效避免课堂知识遗漏的。

错题本则是对于孩子在学习中出现的问题点进行重点记录和解决的主要方式之一。做好错题记录，一方面可以防止因为繁杂的学习任务而导致错漏点的遗忘，另一方面也可以作为一个反复提醒和加强记忆的有效手段。每一个孩子都应该有一个错题本，如果你的孩子还没有，那么请立刻帮他/她准备好一个错题本。

通过不断地回顾错漏点，一定能够让你的孩子的学习成绩变得更好。

摘抄本对于语言类的学科有着十分明显的帮助作用。无论是英语还是语文科目，作文水平都是决定孩子学科成绩的重要组成部分。摘抄好词好句，对于提高写作水平是极为有效的，也是最快速的方法。如果你的孩子的写作能力较差，那么不妨准备一个摘抄本给他，只要他愿意认真记录和仿写，一段时间过后，孩子的写作水平一定会有一个质的提升。

 学会提问与积极回答

心理学家罗伯特·莫勒（Robert Maurer）说："提问是使你的大脑实现程序化的最强力的手段之一，因为提问具有强制思考的力量。"提问不仅可以让人获得解答，解决困惑，还能够在很多场合帮助提问者有效保持专注度。学会提问是每一个孩子都应该学会的技能。当你的孩子学会了提问，他/她就在某种意义上掌握了学习的主动权。

在课堂上，学会提问尤其重要。课室上，老师在同时面对很多学生时，他不可能注意到每一个孩子。这时候，如果你的孩子遇见了困惑和不懂的问题，却又不敢提问，那么老师也无法了解和帮助到你的孩子。久而久之，孩子的学习漏洞会越来越大，从而导致学习成绩变差。对此，家长一定要培养你的孩子勇敢提问的意识。孩子学会了提问，无论是在课堂上还是课后，或者是自习课上，都可以快速获得老师和同学的帮助。这也恰好契合了我提到过的"拿来主义"思维。

告诉你的孩子不要怕，勇敢提问，老师最爱主动提问的学生。因为这会让老师的付出得到回馈，提问的孩子也会获得老师更多的帮助。

除了学会提问之外，积极回答也有助于孩子的学习。在课堂上，老师经常会提出一些问题，但如果没人主动回答，老师一般会叫学习差的学生和学习好的学生来回答问题。如果你的孩子学习成绩中等，可能就很难得到老师的关注。如此更要培养孩子积极回答问题的意识。这不但可以帮助孩子在课堂上集中注意力，还能有效地检验孩子的学习成果。答对了，孩子能够获得学习带来的成就感的积极反馈；答错了，老师也能够及时发现孩子学习的问题点，从而快速有效地纠正问题。

所以，家长们一定要加强培养孩子学会提问与积极回答的思维与能力。

最"笨"却最有效——题海战术

题海战术，是教育领域争议最大的学习策略之一，但一直被大多数学校和老师使用，因为这种方法虽然"笨"，却十分有效。大量的习题练习不仅能够帮助孩子时刻保持知识的熟悉程度，以防遗忘，还能够有效地查漏补缺，因为做得多了，孩子总会遇到不会的题目，可以有效地发现知识盲点。所以，虽然我有些不愿，但还是要将题海战术这个最"笨"的策略拿出来供你参考，毕竟，它真的十分有效。

选择对的学习方法最重要

前面提到了题海战术很有效，但如果选错了练习题，做再多题也是毫无用处的。同理，很多家长给孩子选择了课外补习班，却发现孩子的学习成绩一点没有提高，反而孩子还十分抗拒。所以，我劝各位家长不妨根据我在前文中所提到的内容，在孩子的情绪管理、目标规划、拖延行为、学习动机和方法方面来寻找孩子出现各种问题的原因，以及孩子在学习上的薄弱点在哪里，然后对症下药，挑选最合适的学习材料和补习班，这样才能真正帮助到你的孩子。千万不要仅凭自己的草率推断就做了决断，这样只会帮倒忙。

战力加成，团队作战

在本书的前面有关吸引力法则的章节我提到过，当孩子拥有了自己的学习小团体，他们就会互相比拼、互相帮助，从而学习的主动性会大大增强，学习效率和效果也会明显提升。所以，我建议家长可以多想想办法，让自己的孩子能够和别的孩子抱团学习。当孩子抱团学习后，提问、"拿来主义"、知识共享、学习动机、以教代学等多种我前面提到的学习方法和思维都会被充分发挥出来。记住一句话：团队作战，战力加成，所向披靡，战无不胜。

温故而知新，复习出成绩

提到复习，又是老生常谈了。各种高效的学习方法中都曾提到复习的概念。

确实，复习不仅能够加强和巩固记忆，还能够帮助孩子温故知新。无论是日常学习，还是考试前的"临时抱佛脚"，都是在强调复习的作用。家长们在运用各种学习方法帮助自己的孩子的同时，千万不要忘了复习的重要性。建议参考前面提到过的艾宾浩斯遗忘曲线来帮助孩子安排复习计划，可以达到事半功倍的效果。

 困了累了，不如来点"提神妙品"

学习是一件苦差事，学习动机再强，长时间的精力消耗，也难免会产生疲惫和困倦。我不提倡"头悬梁，锥刺股"的自虐式学习，但用一些小工具来帮助孩子提提神，还是不难做到的。例如，风油精或者一些食品都能起到有效的提神作用。家中常备"提神妙品"，也能起到一定的作用。当然，保持良好的作息是学习的前提，千万不要本末倒置哦。

第六章 坚持与"勤"字诀

古文云:"书山有路勤为径,学海无涯苦作舟。"正所谓"绳锯木断,水滴石穿"。天道酬勤!成功是百分之一的天赋加百分之九十九的努力换来的。学习也是一样的。

英国作家马尔科姆·格拉德威尔(Malcolm Gladwell)[①] 在《异类》一书中指出:"人们眼中的天才之所以卓越非凡,并非天资超人一等,而是付出了持续不断的努力。1 万小时的锤炼是任何人从平凡变成世界级大师的必要条件。"他将此称为"1 万小时定律"。《刻意练习》的作者安德森·埃里克森(Anders Ericssion)也指出,通过大量训练,可以改造人们的身体与大脑,从而创造天才。

古今中外,人们的成功总是离不开努力和勤奋,更离不开水滴石穿的坚持。唐代大书法家颜真卿曾经写过一首诗《劝学》:"三更灯火五更鸡,正是男儿读书时。黑发不知勤学早,白首方悔读书迟。"东晋大书法家王羲之也曾为了练字,将家门口一个水池的水都染成了墨色。囊萤映雪、凿壁偷光的故事,无一不在向我们讲述孩子的勤奋和坚持的作用与重要性。

"不经历风雨,怎么见彩虹,没有人能随随便便成功。"无论你的孩子多么有天赋,也无论你的孩子的时间管理和学习方法多么高效,最终决定你的孩子在学习上脱颖而出的永远都是勤奋和努力。家长们必须要在培养孩子的努力和勤奋上面多下功夫。无论是在孩子小时候通过励志故事作为启迪,还是以身作则、言传身教,都必须帮助孩子养成勤奋、努力的优良习惯。

陪着你的孩子,一同努力吧!光明就等候在前方。

[①] 马尔科姆·格拉德威尔(Malcolm Gladwell):1963 年 9 月 3 日出生于英国,英裔加拿大人,记者、畅销书作者和演讲家,"加拿大总督功勋奖"获得者。

社会交往编

独学而无友,则孤陋而寡闻。

第一章　小测试：测测孩子的自信指数

每个孩子都是"小小社会人"

有一次，我正在工作的时候，突然收到了还在上小学的外甥女发来的消息。那是一个表情消息，是一个戴着墨镜笑嘻嘻的小孩儿，上面写着"小小社会人"。看到这个表情信息，我一下子陷入了深深的思考。我发现孩子除了希望和自己的家庭成员沟通交流外，也有着和别人沟通交流的强烈欲望。他们希望被关注，希望能够表达自我，希望能够通过这样或那样的形式，收获一种心理上的满足感和愉悦感。

在日常生活中，我们常常能够看到这样的场景。在公共场合，两个完全陌生的孩子只要是处在同一个空间内超过几分钟，就会不由自主地开始互相观察，然后开始进行接触式的聊天，接着很快就能玩到一起去，而且大部分时间相处得还十分愉快。我一直认为这种现象十分有趣，因为它反映了孩子天然的社交属性和社交需求。相比于成年人间的陌生和警惕，孩子间的社交更多了几分天然的友好与纯真。

现如今，随着时代的进步和物质生活的丰富与满足，越来越多的家长已经开始意识到孩子社交的重要性，有些甚至从小就有意将自己的孩子打造成"社交小明星"。但依然有很多家长还缺乏对儿童社交的科学认知。我常常听见有家长说孩子距离社会那么远，哪里懂什么社交，小朋友之间也就是玩闹和傻傻地过家家罢了，没有什么好关注的。真的是这样吗？当然不是！如果孩子没有社交，那为什么孩子从小就要被家长送去幼儿园和学校呢？如果孩子没有社交，他们的玩伴又是从哪里来的呢？如果孩子没有社交，那为什么有的孩子受欢迎，有的孩子却

会遭受排挤呢?

孩子虽然年纪小,但他们一样是这个人际社会的一分子。有人的地方就有社交,每一个孩子都有着天然的社交需求,每一个孩子都是一个"小小社会人"。孩子们也在通过社交的方式,尝试着接触这个缤纷多彩的世界。

社交是孩子成长过程中至关重要的一课

社会交往是孩子成长过程中至关重要的一课,对于他们的性格养成、人际交往、处世方式等方方面面有着极为深远的影响。从小养成良好的社交习惯,可以帮助孩子交到自己喜欢的朋友,在童年里拥有更多的快乐回忆;从小养成良好的社交习惯,能够帮助孩子建立起一套优质的为人处世哲学,帮助他们在成年后依然拥有良好的人际关系,获得更多的社会资源和更高的社会地位。每个家长都希望自己的孩子能够拥有自信,事实证明,良好的社交关系能让孩子变得越来越积极自信,反之,则会让孩子变得内向和怯懦。

孩子拥有天然的社交能力,就好像我前面说的两个完全陌生的孩子也能很容易玩到一起去。那么,也许就会有家长说,既然孩子拥有天然的社交能力,那不去限制他们的社交行为,任由其自由发展应该可以吧?当然不是!虽然孩子拥有天然的社交能力,但如果不加约束,孩子就很容易误入歧途,对孩子脆弱的心灵造成伤害。过去很多家庭都不止一个孩子,兄弟姐妹之间的交往有助于孩子社交能力的提升。然而,现如今越来越多的家庭中只有一个孩子,孩子缺少和同龄人的沟通与交流。父母的忙碌也容易导致忽略孩子的情绪变化。另外,家人的过度保护也导致了孩子对于熟悉环境的过分依赖。越来越多的孩子的社交能力在不断地退化,甚至存在着各种各样的社交障碍,这对孩子的成长是十分不利的。所以,加强关注和培养孩子的社交能力,帮助孩子扫清社交障碍,了解孩子的社交心理,则是对如今每一个家长的硬性要求,理应受到家长的关注和重视。

常见的儿童社交障碍主要表现为社交恐惧和社交弱势。

社交恐惧

社交恐惧,又称社交焦虑,是一种无论是在成年人还是在孩子身上都常见的焦虑性社交障碍,主要表现为对社交场合感到强烈的焦虑和恐惧。如果你的孩子在公共场合和别人打交道时表现出紧张和焦虑，那十有八九是患上了社交恐惧症。

孩子社交恐惧的主要表现为：

 对参加自己不熟悉的活动表现出强烈的抗拒

不知道大家是否还记得我在本书"情绪管理编"曾经讲到过的现象。很多孩子在公共场合容易被紧张和畏惧情绪所左右，从而导致发挥失常，表现得十分糟糕。这是因为孩子在情绪管理上出现了问题，导致自己受到了负面情绪的干扰和控制。情绪管理能力较差的孩子，对于个人舒适区的依赖是非常明显的。这种个人舒适区主要表现为熟悉的环境、熟悉的任务以及熟悉的家人及朋友方面。一旦孩子遇见需要走出个人舒适区的情况，就会立刻产生一种紧张畏惧以及抗拒的心理。

孩子的这种情况在社交上尤为明显。举个例子，很多孩子都是"在家小霸王出门小怂包"。这类孩子往往在家里调皮捣蛋，一副天不怕地不怕的样子，但出了门，就躲在父母身后，连见到陌生人叫一声叔叔阿姨都唯唯诺诺的，甚至不敢正眼看人。这种孩子往往十分害怕见到陌生的环境和陌生的人，因为他们在陌生环境下会感到强烈的不安和恐惧。这种缺乏安全感的状态是由多种因素导致的，想要改变这种状况，家长要多带孩子外出长长见识。在家长的帮助下，让孩子走出自己熟悉的环境，进行适应性训练，多给予孩子正面的反馈，这种状况就会有所改善。

 极度关注别人对自己的评价，担心在人前丢脸

除了不愿走出个人舒适区的因素之外，过于在意别人对自己的评价，也是导致孩子社交恐惧的主要因素之一。这主要与自信有关，当孩子不够自信的时候，就会比平时更加关注别人对自己的评价和看法。千万不要觉得奇怪，孩子相较于成年人来说，心理承受能力更加脆弱，同时也更要面子。稍有不慎，孩子的面子可能就会受到损害，从而导致孩子的心态变得糟糕。可能只是因为旁人的一句玩笑之言、一个无心之举，就会让孩子变得抗拒社交行为，这是孩子的一种本能的自我保护行为。

记得在我四五岁的时候，当时我在幼儿园里和老师、同学们学习舞蹈。一直以来，我都很喜欢去上舞蹈课，但直到那一天。那是一个十分平常的下午，我和其他孩子一起跟着老师学习舞蹈，或许是因为我的某个动作完成得不够标准，老师突然走到我面前，当着所有孩子的面，用严厉的语气批评了我一句，同时还轻轻地踢了我一脚。当天晚上，我告诉妈妈我再也不要去上那个老师的舞蹈课了。事到如今，我都记得我当时的态度十分坚决。因为就是那当着所有孩子面的"轻轻一脚"，一瞬间将我的面子和尊严踢得粉碎。从那以后，我真的再也没有去上过幼儿园的舞蹈课，就连其他兴趣班我都拒绝参加。

你看，就是这样一个可能在外人看来莫名其妙的问题，导致一个孩子的自尊心受到伤害，从而产生社交恐惧心理，拒绝参加类似的社交活动。孩子就是这么脆弱，人们的任意一个举动都可能对他们造成伤害。如果家长想要避免孩子因为此类原因而产生社交障碍，就该多留意孩子的一举一动和心态变化，及时发现，及时对孩子加以心理疏导。记住，千万不要试图在这个时候强迫孩子继续做他们不想做的事情，因为那不但不能解决问题，还会雪上加霜。在此，我要感谢我的妈妈，当初要不是她没有再强迫我参加已经报了名、交了费的舞蹈课，如果不是她的细心照顾和心理引导，就不会有如今优秀的我。

所以，请保护好孩子的面子，保护好孩子的自尊。未来的他们，一定会感谢现在温柔的你。

社交弱势

社交恐惧主要是由于心理原因导致。与之不同的是，社交弱势主要是指孩子在社交活动中，处于不被接纳、不被认同，甚至被别的孩子欺负、排挤的现象。这种现象的产生，主要是源自孩子社交能力的缺失。

缺乏礼貌

礼貌是人类为维系社会正常生活而要求人们共同遵守的最起码的道德规范，是人与人之间一切的社交行为得以顺利开展的基础准则。一个孩子如果缺乏礼貌，就必然会遭到他人的厌恶和排挤。

例如，小时候有一次我去姨妈家里玩，恰好有一个同龄的男孩也在姨妈家做客。当时那个男孩正在电脑前玩游戏,出于友好,我主动走过去和他打招呼,想要通过握手以示友好。但不料他却非常没有礼貌地将我一把推开,言语中还夹带着脏话,好像我是在妨碍他一样。从那以后,我再没有跟他说过一句话,无论他是否主动过来找我说话。

这就是很简单的一个例子,同时也是非常真实的一件事情。每个孩子都有自己的心理防线,没有礼貌的孩子不可能得到别的孩子的友善对待。而且,缺乏礼貌的行为,对孩子社交的伤害并非一次性的,反而是一种持续的、长时间的影响。孩子们不会因为你今天没有礼貌,明天有所改善就放下心中的芥蒂去接纳你。一次无礼行为,需要通过后面百倍的努力才有可能得到谅解。然而,没有朋友的孩子注定是孤独的,长时间的失败社交甚至会导致孩子心理扭曲。所以,家长们一定要从小就教会孩子礼貌待人,及时纠正孩子的无礼行为,避免孩子习惯性的无礼毁了孩子的社交和未来。

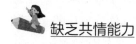

缺乏共情能力

有时候,我们会发现自己的孩子有些自私,时间久了也会导致孩子不合群,甚至显得孤僻。其实,这是因为孩子缺乏共情能力。

举个例子。

小明和小红是住在一层楼的邻居,年龄也相差不大。有一天,小红提着两个苹果来到小明家。

小红:"小明,我妈妈买了一袋苹果,很好吃,我专门给你拿来了两个。"

小明:"哦,我看看。你这个苹果怎么那么小啊!我妈妈前几天买的苹果又红又大又好吃。"

小红:"哦,那你要不要?"

(小红闻声,笑嘻嘻的脸冷了下来)

小明:"当然要。你先进屋吧。"

(小明邀请小红进屋,小红这才脸色好看了点,又高高兴兴地去洗了苹果放在桌子上,准备她和小明一人一个)

(小红刚刚拿起桌子上的苹果,却被小明一把抢了过去)

小红:"你干什么呀?"

小明:"你给我的苹果,你吃什么?都是我的!"

(说着,小明咬了一口手里的苹果。)

小红:"哼,再也不给你拿吃的了,你自己吃你妈妈买的又大又红的苹果去吧!"

(说完,小红气冲冲地摔门离开了。)

你看,换作你是小红,你会不会生气?小红好心拿来了苹果送给小明,小明张嘴就说小红拿来的苹果比不上他妈妈买的。这种话搁谁听了心里会舒服?再后来,小红主动洗好了苹果,准备和小明分享,小明却自私地完全占为己有,不愿意和小红分享。别说小红了,换作是你,可能也再不愿意理会这个小明了。

然而,现实中有不少"小明"这样的孩子,他们因为缺乏与人沟通的经验,从而不懂得与人交往的方式,显得自私自利,口不择言。这样的孩子会没有朋友。家长们,如果你的孩子也是"小明"这样的,那么赶紧行动起来,纠正他的自私行为,而纠正的主要方法就是培养孩子的共情能力。具体的方法我会在稍后的章节中详细阐述。

 失败的情绪管理

如果你的孩子不受待见,不妨想想,他/她是不是存在如下几种问题。

首先是自大。请注意,这里不是自信,而是自大,自以为是。有些孩子因为在家里被溺爱,被毫无限制地夸奖,于是自以为自己天下无敌,在社交场合中表现出盲目自大的状态。

举个例子。

小王总是自以为自己天赋异禀,就没有自己解决不了的问题,于是他最喜欢做的事情就是毛遂自荐。每当老师提问的时候,小王总是不管会不会都站起来抢答。但是,十次抢答却有六七次都答不上来。即使如此,小王依然觉得自己什么都会。不仅上课回答问题是这样,而且平时班级里有什么工作,他都会抢着干,但总是因为这样那样的原因做不好,还总是找借口,好像不关他的事,他依然是什么都会的小王。于是,同学们都不怎么愿意搭理他。

你看，这就是自大带来的社交障碍。自大不是自信，自信的孩子是凭借真本事解决问题，能够赢得尊重。而自大的孩子则常常会将事情搞砸却不自知，甚至给别人造成不必要的麻烦，这样自然也就不会有人喜欢和他/她交往了。

其次是优越感和控制欲。有的孩子因为家庭经济状况好或者家长的社会地位高，总会表现出一种高人一等的感觉。

举个例子。

之前有媒体报道，一个小女孩穿了一身价值上千元的裙子去幼儿园，不料被同学不小心弄坏了，于是小女孩的家人要求弄坏她的裙子的小朋友赔钱。小朋友的家长按原价赔钱了，但是小女孩却被全班的同学排挤了。

再举个例子。

小玲的父亲是一个有钱的大老板，社会地位很高。她从小都被当成小公主一样养着，养尊处优。于是，她养成了喜欢命令人的坏习惯。在班级里，她也常常以命令的口吻让别人做这做那。可是，事情却跟她想的不一样。不但没有人听她的命令，而且同学们都不喜欢她。

第一个例子中的小女孩，穿上千元的裙子，心中有一种优越感。但当你的优越感变成了别人的负担，那么别人自然就会远离你，以免造成意外损失。第二个例子中的小玲是家里的小公主，但不代表在外面她也是小公主，高高在上地命令别人，自然会让别人感到厌恶。

 不会处理矛盾和冲突

人与人在沟通和交往中常常会产生分歧，甚至产生矛盾和冲突。这是很难避免的，孩子也不例外。不会处理矛盾和冲突的孩子，往往会做出骂人甚至打人的举动，以暴力来解决问题。试想，一个总是动不动暴跳如雷，骂人、打人的孩子，有人会跟他一起玩吗？必然是不会的。家长在教育孩子的时候，一定要注意这方面的教育。教会孩子处理矛盾和冲突，是帮助孩子建立良好社交关系的重要条件。关于孩子正确处理矛盾和冲突的方法，我会在稍后的章节中详加叙述。

第二章　学会共情

前面提到了缺乏共情能力，会导致孩子社交障碍。所谓共情（empathy），也被称作同理心。简单来讲，就是通过设身处地的换位思考，对他人的境遇有一种感同身受的体验，通过这种能力和体验去理解他人的感受。

学会共情，可以帮助孩子理解其他孩子的感受，从而能够设身处地地为他人着想，也能够帮助孩子更易于理解和体谅别人的错误和疏漏。孩子学会了共情，就可以更加容易理解其他孩子的所思所想，从而更容易引发大家共同感兴趣的话题，让沟通与交流变得更加顺畅。还记得我在前面提到过的，当完全陌生的两个孩子同处于一个空间的时候，很容易引出话题，成为玩伴的事情吗？这其实也是孩子共情能力在日常生活中的一种体现。孩子往往心地善良、感情细腻，这是孩子的天性。越是单纯、善良的孩子，就越是容易和他人产生共情。

例如，大多数家长都应该有过这样的经历。当作为家长的你遇到伤心难过的事情时，当你在孩子面前表现出脆弱的一面时，往往孩子都能感同身受。他们能够感知到自己的爸爸妈妈此刻伤心、难过的心情，于是自己也不知道为什么就突然间悲伤起来了。

这其实就是最简单也是最常见的共情。凭借孩子和父母之间的熟悉度和亲情纽带的支撑，孩子很容易就能和父母产生共情。但对于父母以外的人，孩子的共情能力则会被弱化很多，甚至完全消失。

也许你会说，孩子年龄太小，能够和家长、朋友共情就已经很难得了。我非常认同你的这种想法。没错，先让孩子能够在家人和自己的同学、朋友的范围内拥有共情的能力就好。至于陌生人，孩子如果能够做到设身处地换位思考当然会更好，如果做不到，我们也不用强求。因为和陌生人相处，往往更讲究一些约定俗成的社交规则。

但是，有些孩子因为这样那样的原因，导致共情能力不是很强。父母也无须太过担心，通过几个简单的方法，就可以培养和加强孩子的共情能力。

己所不欲，勿施于人

俗话说："己所不欲，勿施于人。"没错，想要教孩子学会共情，让他们吃点小苦头，可能是一种好方法。例如，如果你的孩子总是自私自利，什么都喜欢霸占，就好像前面案例中的那个把两个苹果都拿走的小明。那么，最好的方法就是以彼之道还施彼身。家长可以买一些孩子喜欢的零食、水果，在孩子想要来吃的时候，告诉他/她，这全部是你自己的，一个也不给他/她，并且当着他/她的面吃完，让他/她也感受一下这种自私霸道的行为带来的"不爽"。如果你的孩子有破坏倾向，总喜欢破坏其他小朋友的玩具，自己却毫无悔意。那么，在其他小朋友破坏他/她的玩具的时候，作为家长的你也不必拦着，让孩子也体验一下这种错误行为带来的"痛"感。

当然，仅仅让他/她感受到错误行为带来的损失还不够，这只能让孩子难过、痛苦，他们很难自己意识到问题所在。这时候，作为家长的你，一定要及时告诉他这样做是不对的，借着这种"痛"感还在，让孩子及时意识到自己的错误行为，从而从内心自愿产生悔改之意，只有这样才能让孩子真正地改正。

让孩子拥有多种多样的情感体验

共情的核心是体会和理解他人的处境和情感状态。这就要求孩子能够拥有理解某种感情的能力。但是，由于孩子年龄小、阅历少，体验过的感情也极为有限。这就对家长提出了一定的要求。家长是孩子的专属训练师。家长应该在孩子的成长过程中，尽可能地创造出更多的机会，让孩子充分体验各种各样不同的情感类型。静如止水并不能保护孩子不受伤害。多样的情感体验反而能够让孩子拥有更高的情商。家长应该尽自己所能，带孩子多出门走走，多开开眼界、见见世面，看看真正的世界是怎样的。另外，阅读也是培养共情能力的有效途径。每一本书都是一段不同的人生，阅读书籍，可以让孩子在有限的时间里，体验到多种多样的情绪和情感，有助于孩子共情能力的提高。

焦虑，让孩子爱上学习

第三章　三个简单的社交小秘诀

如果说学会共情能力是孩子建立良好社交关系的必备条件，那么，是否有一些小秘诀能够帮助孩子有效地避免社交弱势，快速与他人拉近距离，轻松成为孩子中的"社交小明星"呢？下面，我提供三个简单的社交小秘诀供大家参考学习。一起来看看吧！

用微笑与赞美拉近距离

微笑是最美丽的语言

俗话说，微笑是最美丽的语言。一个善意的微笑，不仅能够让人看起来乐观开朗，还能够表达善意。微笑是传递幸福的语言，能够让他人感受到快乐与轻松。微笑是一种接纳的语言，有助于拉近社交距离，让人与人之间的沟通变得简单起来。

人们常说，爱笑的孩子运气不会太差。没错，生活中爱笑的孩子往往都是人们目光关注的焦点。因为他们能够让人感到轻松，为别人带来快乐。试问这样的孩子，又有谁会不喜欢呢？

很多时候，孩子都是非常感性的。朋友之间遇见矛盾甚至是冲突，最后都可能会凭借一个微笑、一句道歉而冰释前嫌，事情过后依旧是很好的朋友。

多年来，我询问过很多孩子，让他们说出自己心中最美丽/帅气的小朋友是谁。答案往往都很有意思，孩子们心中最美丽/帅气的小伙伴一般都不是颜值最高的那些孩子，往往都是一些性格开朗、平时总是笑嘻嘻的孩子。我曾试图询问过一些孩子，想问他们为什么觉得爱笑的孩子最美丽/帅气。然而，我并没有得到我想要的答案。孩子们都奇怪地看着我说:"没有为什么呀,他们就是最好看的小朋友啊!我们大家都这么认为。"

一开始,没有得到答案的我依然有所困惑,但后来我发现,这种"最好看"不仅仅适用于孩子的小伙伴们,还适用于孩子眼中的大人们。和善爱笑的大人,同样也是孩子心中的"最美"和"最帅"。这也是为什么学校老师中,大多数孩子都更喜欢幼儿园的老师,因为幼儿园的老师的脸上总是带着灿烂的笑容。

所以,我判断孩子心中的"好看",并不是指颜值,而是指一种和善的亲近感。因此,教孩子学会对他人报以微笑,就能够让你的孩子成为别的孩子眼中"最好看"的孩子。微笑是孩子社交沟通的入场券,也是孩子给他人留下良好第一印象的最简单的形式,也是最好的形式。

赞美是最甜的"糖果"

除了微笑之外,另一个帮助孩子快速被他人接纳和喜爱的秘诀是学会赞美。美国哲学家威廉·詹姆斯(William James)曾指出:"人类本质中殷切的要求是渴望被肯定。"有时候,一句赞美就是对我们最好的肯定和回报,没有人不喜欢被赞美,孩子也不例外。我在前面曾提到过,孩子也是要面子的,而来自他人的赞美与肯定,对于孩子来说就是最大的面子。但是,想要得到他人的赞美,首先就要学会赞美他人。

善于交往的孩子往往在交朋友时,会拿出自己喜欢的一些糖果、玩具等和其他小朋友分享,借此打开局面,开启友善的沟通之门。然而,我要说的是,其实赞美才是最甜的"糖果"、最好玩的"玩具"。我曾见过一个孩子,他每次见到想要一起玩的陌生小伙伴时,第一句话总是"你好漂亮啊,你的衣服好好看哦"。结果就是,没有一个陌生小伙伴能够抵挡住他的甜言蜜语,不论是闻声后扭扭捏捏不好意思的,还是喜笑颜开的,最后都会主动和他在一起玩。直到分别临走了,他依然会再次夸赞别人长得好看或衣服好看。小伙伴们直到临走,心里都是甜蜜蜜、喜滋滋的。

别说孩子了,就连我们大人,不也一样喜欢得到他人的赞美吗?所以,这么好用又低成本的方式,你还吝啬什么?教会你的孩子学会赞美他人,他/她立刻就会成为他人心中的小美女或小帅哥哦。

> 焦虑，让孩子爱上学习

> 凭借良好的表达欲，让孩子成为"社交小明星"

大家应该都知道，性格内向的孩子往往在社交上处于弱势。一个不爱说话的孩子可能连社交的第一步即主动与他人交谈都做不到，又何谈其他呢？而且，一个不爱说话的孩子，往往在做事情上也总会遇见困难和尴尬，毕竟除了家长之外，他人很难理解孩子心中的所思所想。甚至就连家长，有时候也很难弄明白孩子究竟在想些什么。

对于孩子不爱说话这件事，作为家长的你，应该好好想想问题究竟出在哪里。

 心理疾病

孩子不爱说话，首先要考虑的是是否受心理疾病的影响。作为家长的你，应该仔细想想，你的孩子只是对陌生环境和陌生的人有所畏惧导致不爱在陌生人面前说话，还是说孩子对于自己的家人都不亲近甚至有些排斥。如果是前者，那不用担心，你的孩子只是内向而已，多带孩子参加外界的活动，多见见陌生人，就可以有所改善。但如果是后者，那就千万要注意了，你的孩子很可能患上了自闭症或者抑郁症，这是非常严重的心理疾病，需要及时就医治疗。

性格内向

性格内向的孩子，主要表现出不愿意接触陌生环境和陌生人，对社交行为表现出一种畏惧和抗拒心理。他们喜欢独来独往，有想法也不擅长与人分享。导致孩子性格内向的原因很多，最常见的是家长的忽略。很多家长因为工作忙碌等原因，导致陪伴孩子的时间很少，与孩子的沟通交流也很少。有些孩子从小就是由爷爷、奶奶或外公、外婆带大的，爷爷、奶奶或外公、外婆这个年龄段的人有时候会与社会有所脱节，主要接受他们的信息的孩子也就会与现实社会有所脱节和对社会感到陌生，这也容易导致孩子内向。作为家长，即使你再忙碌，也不能忽略对孩子的陪伴和与孩子的交流。一个不说话的孩子，并不是省事的表现，反而可能是一系列麻烦的开始。改变孩子内向的性格，打开孩子的心灵之窗与沟通欲望，要从家长的悉心陪伴做起。

 外界伤害

有些孩子原本并非性格内向，却突然产生了内向自闭的倾向，那么他很有可能是受到了外界的伤害。遇到这种情况，家长应该重点关注孩子是不是在外面丢了面子，或是受到了欺负。然后家长应主动帮助孩子解决这方面的问题和出现的状况，早日让孩子回归到一个健康的社交环境中去。

 良好的表达欲是怎样的

了解了孩子不愿说话的原因，我们再来看看孩子的表达中存在着哪些问题？什么样的表达才是良性表达呢？

 适度表达，拒绝喋喋不休

生活中我们总会遇见这样的人，因为缺乏表达的机会，导致他们的表达欲爆棚，变得一有机会就喋喋不休，没完没了。对于这样的人，我猜大多数人都是采取一种敬而远之的态度，能躲就躲。因为一旦被他们缠住，就会陷入没完没了的唠叨之中。

很不幸，孩子中也有这样"可怕的存在"。有些孩子一旦找到了说话的机会就停不下来，直到被人讨厌地驱赶或者直到倾听者逃走才能停止。他们即使停下来了，也依然觉得意犹未尽，一旦找到机会就会见缝插针，继续开始无休止的唠叨模式。这样的孩子在社交上是最容易被他人讨厌的一类人。

造成孩子喋喋不休的原因主要是孩子缺乏可以表达和倾诉的环境和机会。就像我刚刚提到的，有些家长因为工作忙碌，回到家已经很累了，这时候孩子想要和家长分享自己一天的所见所闻和校园趣事，却被疲惫的家长无情地拒绝了。孩子的表达欲望没能被满足，久而久之，孩子长期积累的表达欲就会越来越膨胀，变得无法控制，招人讨厌。由此可见，家长的陪伴与沟通是多么的重要，不仅能够防止孩子变得沉默寡言，还能够避免孩子变得喋喋不休。

分清场合，避免"抢话头"

除了喋喋不休之外，"抢话头"也是常见的令人厌恶的表达障碍之一。善于表达的孩子会让人觉得聪明伶俐，但不分场合胡乱抢话、插话的孩子可就显得没那么可爱了。在很多情况下，孩子抢话都是为了表现出自己的聪明和想要引起他人的注意。有时候，家里来客人了，家长正在和客人聊天，孩子可能感觉到自己被忽略了。这时，当孩子听到任何一个他可能知道的概念时，就容易抢话，以此来引起大家的注意。也有的孩子喜欢在课堂上抢话，老师提问别人的时候，总有些孩子喜欢显示自己很聪明，做出抢答的行为。还有些孩子喜欢在课堂上接一些无关紧要的话茬儿，以引起别的同学的注意。但不管怎么讲，这些行为都是十分令人讨厌的。

对于总爱"抢话头"的孩子，原因无非是四个方面：多动症、想要被关注、对他人的谈话好奇心重、不懂得等待。知道了原因，就很容易找到相应的解决方法。除了多动症需要就医之外，其他都可以通过家长自己来解决。对于想要被关注的孩子，陪伴是最好的良方。对于好奇心重的孩子，家长可以主动帮助和引导孩子参与到谈话中来，这样既满足了孩子的好奇心，也能够充分满足孩子的表达欲。对于不懂得等待的孩子，可以通过一些小游戏培养孩子的规则意识，也可以通过事先声明和善意提醒的形式告知孩子必须按顺序发言。提前告知了规则，就可以在很大程度上避免孩子违反规则的现象发生。

说话时，记得照顾他人的感受

在孩子的社交群体中，并非所有孩子都擅长社交，也并非所有孩子都善于表达。善于表达的孩子，往往都是"小明星""孩子王"。然而，真正被大家喜欢的"孩子王"都懂得一个道理，那就是说话时要记得照顾他人的感受。一个自私的孩子，会不断地强调"我"的概念，这样的孩子不管多爱说话，最多只是表面上光鲜亮丽，事实上不会有太多人喜欢。一个懂事的孩子，会懂得照顾那些不太擅长表达的同伴的感受，会代表他们说话。爱说"我们"的孩子，才是真正的"孩子王"。能够照顾别的孩子的感受，帮助别的孩子表达意见，才能成为真正的"小领袖"。

会说"谢谢"的孩子讨人喜

从前,村里有一位老奶奶,她总是会做各种各样漂亮又好吃的小零食,常常会送给村里的孩子们吃。村里面有两个孩子,一个叫小光,一个叫小龙。一天,小光跑到小龙家里告诉他,老奶奶又在发小零食,于是两人一起跑到老奶奶家去讨吃的。

小光笑嘻嘻地对着老奶奶伸出手,目光渴求地看着老奶奶。老奶奶看了小光一眼,给了小光一块核桃酥。小光很高兴地跑到一边吃了起来。

小龙则微笑着看着老奶奶说道:"奶奶,我也想吃。"

老奶奶闻声,也给了小龙一块核桃酥。小龙高兴地接过核桃酥,对着老奶奶说了声"谢谢"。

老奶奶闻声笑着走进了屋子,不一会儿拿出了一大兜好吃的,有核桃酥、鲜花饼等,都送给了小龙。

这可把小光给羡慕坏了,小光也跑到老奶奶面前,眼巴巴地看着老奶奶,但不知为什么,老奶奶仿佛看不见他似的,什么也没有再给他。

你看明白了吗?没错,小龙就是因为会说话,而且还懂得说"谢谢",就博得了老奶奶的欢心,也就得到了很多好吃的。而小龙拿到别人给的零食,却连句感谢都没有,当然不可能再获得更多的"恩惠"了。

这个故事也告诉家长,一定要告诉孩子一个事实,那就是别人的恩惠并不是理所应当的,理应报以感谢的回应。教会孩子学会说"谢谢",教会孩子懂得感恩,是家长亲子教育中必不可少的重要内容。

学会礼让与分享,做一个"谦谦小君子"

相传,东汉时期的大文学家孔融①在 4 岁的时候和兄弟们一起吃梨,外人见孔融总是主动拿最小的梨吃,就向他询问原因。孔融回答说,他是最小的小孩子,食量小,理应拿最小的梨。孔融让梨的故事是我国历史上著名的有关谦让的

---

① 孔融(153—208):字文举,鲁国(今山东曲阜)人,东汉末年官员、名士、文学家,为孔子的二十世孙,"建安七子"之一。

案例，对家长教育孩子有一定的启发作用。

　　大家还记得本书前面讲到的那个故事吗？小红拿着两个苹果去小明家，小明不但嘲讽了小红一番，还霸占了两个苹果，一个都不留给小红。这个故事和孔融让梨的故事相比，如果放在现实生活中，无论是大人还是孩子，都会更喜欢孔融这样谦和有礼的"小君子"，而非霸占两个苹果的小明。

　　其实很多时候，孩子们所拥有的物质已经远远超出了他们所需要的数量，但他们依然不愿意和他人分享。这很大一部分原因是人类天性中的贪念在作祟，明明知道够用，但还是想要更多。另外，如今大多数家庭都只有一个孩子。独生子女家庭的孩子，从小几乎不怎么需要与他人分享，缺乏相应的环境，也就很容易造就一个个"小小自私鬼"。其实，孩子的天性并不是这样的，自私的行为主要都是后天养成的。所以，家长就更应该主动创造让孩子能够去分享的环境。例如，平日里家长可以培养孩子学会与父母分享喜欢的食物等，并且将分享的意识灌输给孩子，培养孩子的分享意识。另外，家长也可以时常邀请一些孩子来家里做客，让自己的孩子能够获得与他人分享自己的零食和玩具的机会。

　　总之，懂得分享、懂得礼让的孩子，永远都会是人群中最受欢迎的"谦谦小君子"。

第四章　造成孩子社交活动中矛盾和冲突的原因

"我的孩子总是喜欢骂人怎么办?"
"老师说我的孩子今天在学校里又打人了,我该怎么办才好?"
"我的孩子总是被人欺负,让他反抗也不敢,现在他都不敢去学校了。"
…………

我常常会收到来自全国各地的家长的求助咨询,其中很大一部分是有关孩子社交中的矛盾与冲突的。有些是孩子受到欺负,不懂得如何反抗和解决问题,从而变得抑郁自闭,对上学这件事变得十分抗拒。还有的却是因为孩子太过暴力,总是仗着自己有一副强壮的身体经常对其他同学又打又骂,不仅被同学和老师所厌恶和排斥,还可能会造成更加严重的后果,对孩子未来的成长极为不利。其实,归根结底,这都是孩子不懂得如何处理矛盾和冲突所导致的。

俗话说有人的地方就有江湖,孩子的世界也不例外。孩子在社交过程中发生矛盾和冲突是在所难免的。因为孩子性格的不同和身体条件的不同,往往会导致一些欺凌现象的发生,更有甚者会引发不必要的悲剧。想要帮助孩子解决和处理矛盾与冲突,想要帮助孩子找到应对矛盾和冲突的好方法,我们首先要知道孩子之间产生矛盾和冲突的原因。

不可控的意外因素

先看个例子。

课间休息时间,班里面的同学都在打打闹闹地跑来跑去。王小莽站在过道边上正和同桌聊天，突然脚上传来一阵难忍的疼痛。王小莽"哎呀"一声大叫，他转过身去，正好看到不知道从哪里冒出来的李小憨正踩在他的脚上。原来，李小憨正和同学打闹玩耍，玩得有些忘我了，在教室里跑动的时候，一不小心踩到了王小莽的脚上。就这样，刚刚的那一幕发生了。

王小莽看着踩到自己的脚却毫无反应的李小憨，气就不打一处来，火冒三丈的王小莽一拳打在了李小憨的脸上，给李小憨打得莫名其妙、措手不及。李小憨莫名其妙地挨了一拳，也动了怒气，大喊着冲上去和王小莽扭打在了一起。

…………

很快，王小莽和李小憨就被闻讯赶来的老师叫到了办公室。老师看着已经变成"小熊猫"的两个男孩子，生气地问："你们俩什么情况？谁先动的手？"

李小憨："王小莽先动的手，我根本就没惹他，他莫名其妙地上来就给我一拳。老师你看，他把我打成了这样。"李小憨指着自己红肿的眼圈委屈地说道。

王小莽："胡说，你还恶人先告状。明明是你先踩到我，老师你看，我的脚趾都肿了。"王小莽闻声大怒，当场脱下了鞋子，露出红肿的脚趾。

李小憨："啊？不可能啊！我什么时候踩你了？"李小憨有点不确定地说道，情绪稍微稳定点的他突然想到自己在过道跑的时候似乎真踩到了什么东西，难道是王小莽的脚？

王小莽："你在过道跑的时候踩的。"

李小憨："我，我不是故意的。我都没注意到踩到你了。对……对不起。"李小憨越说声音越小，仿佛有些不占理的样子。

王小莽："我……我刚才太冲动了，对不起。"

老师无奈地看着两个已经互相道歉的孩子说道："好了，事情弄明白就行了。李小憨是无意间踩到王小莽的，也不是故意的。王小莽没弄清楚怎么回事就动手打人，也不对。你俩先去医务室处理一下伤口，等下我再跟你们家长解释。"

王小莽、李小憨共同说道："对不起，老师，我们知道错了。"

例子中的李小憨无意间踩到了王小莽。这就是造成这场肢体冲突的根源。但是，我们仔细想想，这件事怪谁？李小憨的本意没有想要踩王小莽，这件事纯属意外，这种意外平时有很多，都是很难避免的。但王小莽也有些冲动，不先弄清楚状况，二话不说就动手打了李小憨。其实，当事情的来龙去脉说明白、讲清楚了，两个人都觉得有些尴尬，也都意识到自己做错事了，互相向对方道歉了。

像上面案例中这种不能以人的意志来控制的意外，其实是造成孩子之间矛盾冲突的常见原因。孩子因为年龄太小，处理突发事件的方式很不成熟。他们往往很难控制自己的情绪，常常会被突发状况导致的突发情绪所控制，做出不理智的行为和反应。但这种意外情况又很常见，且往往是无害的。无害的意外，因为孩子的冲动行为导致了有害的结果，是我们所有人都不愿意看到的。

所以，对于这种情况，家长应该帮助孩子养成一种"遇事不要急躁，先搞清来龙去脉再做决定"的思维方式。让孩子在遇到突发状况时，先冷静下来，先弄清楚究竟发生了什么事情，弄清楚事情发生的原因是什么，以及判断对方是故意的伤害行为还是意外的无心之举，这样才能更加冷静地解决问题，而不会造成更加严重的冲突。

如果按照这样的思维方式，刚才案例中的事情就不会变得那么糟糕了。假设当王小莽发现被李小憨踩到了的时候。

王小莽："李小憨，你踩疼我了。"

李小憨："啊，对不起，我真的不是故意的。小莽，要不要去医务室啊，我陪你去。"

王小莽："算了，你也不是故意的，我也没伤着，你以后多注意点，别乱跑还不看人。"

李小憨："一定一定，真是不好意思。"

你看，换种处理问题的方式，结果就会变得好很多。总之，教会孩子遇事不要急，沉着冷静地了解问题、分析问题、处理问题，可以帮助他们化解大部分的矛盾与冲突以及其可能带来的伤害。

歧视与嫉妒

先来看个例子。

在学校里，人人都知道马小晨和于雯雯是一对非常要好的朋友。两个人总是一起学习，一起回家，一起玩耍。就连老师都说她俩是形影不离的小姐妹。

这天是老师宣布期末考试成绩的日子。老师在课堂上当着全班同学的面公布

了成绩与班级排名。

老师："我们班这次的第一名是于雯雯同学。于雯雯同学的努力大家都有目共睹，她从上一次的第五名，一跃成为班级第一名，值得全班同学学习。恭喜于雯雯同学。"

班里响起了热烈的掌声，于雯雯的脸上也挂着自豪的笑容。她看到自己最要好的朋友马小晨的脸上并没有欣喜的表情，反而脸色阴沉得可怕。于雯雯课后才知道，原来原本和于雯雯成绩差不多的马小晨，在这次考试中没有发挥好，成绩不升反降。于是，放学后于雯雯跑去安慰马小晨。

于雯雯："小晨，别难过了。我都知道了，不就是名次下降吗，下次努努力，说不定能像我一样考个第一名呢。"

马小晨："哦。我感觉不太舒服，先走了。"马小晨闻声后，原本就阴沉的脸更加难看了。

于雯雯："哎？你不跟我一起回家啊？你上午不是还说今天放学去你家的吗？"

于雯雯有些惊讶和不解地向着一言不发立即离去的马小晨喊道，但并没有得到任何回应。

马小晨回到家里。

妈妈看到她脸色不太好看，询问道："小晨，你怎么了？雯雯怎么没有一起来啊？我都准备好她的那份饭了。"

"今后她不会再来我们家里了。"马小晨阴沉地回答道。

妈妈："到底怎么回事啊？你们俩吵架了？"

马小晨："没有吵架。今天考试成绩出来了，我只考了班上第十名。"

妈妈："这不是很好的事吗。怎么还不高兴了？雯雯考得怎么样？"

马小晨："她考了全班第一名。"说完，马小晨就沉着脸回房间里去了。

妈妈看着马小晨离开的背景，这才恍然大悟，原来是因为嫉妒导致马小晨闷闷不乐。

你看，故事里的马小晨因为自己没考好，看到考了全班第一名的好朋友于雯雯反而产生了不愉快的感觉。这就是典型的嫉妒心理在作怪。当一个孩子开始有被认同的需要时，嫉妒心就很容易随之产生。一旦嫉妒心作祟，就会让人失去理智，做出很多不理智的行为。就好像故事里的马小晨，因为嫉妒，很可能会断送自己和于雯雯的友谊，甚至还可能会在未来的学习生活中，不知不觉地处处和于雯雯作对，以此来宣泄自己的嫉妒。

如果因为一次考试成绩导致的嫉妒心理，让一对原本要好的小姐妹就此分道扬镳，甚至在未来成为仇敌，那就未免有些太过可惜了。而且，嫉妒心带来的不理智行为，不但不能帮助马小晨提高成绩，反而会占用她有限的精力，可能使她的成绩继续下滑，从而导致其嫉妒心更强，陷入恶性循环。

那么，我们该如何应对孩子的嫉妒心理呢？先别急，让我们先看下一个例子。

有一天，李小美在和妈妈聊天，聊一些发生在学校里的事情。

妈妈："小美啊，你最喜欢的男同学是谁啊？"

"妈妈讨厌，我哪有什么喜欢的男同学啊。不过我们班女孩子大部分都很喜欢我们的班长浩浩。"李小美红着脸说道。

妈妈："哦，原来我们家小美喜欢浩浩那样的男孩啊。"妈妈笑着看着李小美，李小美的脸更红了。

妈妈："那你有没有一些觉得讨厌的同学啊？"

李小美："讨厌的有啊，还有不少呢。比如小伟，他家里穷，平时穿的衣服都是又旧又破的，大家都不太喜欢他。还有凡凡，听说他爸爸妈妈离婚了，班上的同学都不太愿意和他玩。"

妈妈闻声，沉默了一会儿说道："小美，你记住，小伟家可能是经济条件不太好，但这并不是小伟的错，而他宁愿受到同学的冷落，也没有向家里要更好的衣服、鞋子，他这是在保护他的爸爸妈妈，他是一个真正的小男子汉。"

妈妈："还有，凡凡的爸爸妈妈离婚了，凡凡又有什么错呢？他现在应该心里很难过，很孤独，更需要大家的鼓励和帮助，你们怎么可以排挤他呢？"

李小美："可是，班上的同学都……"

妈妈："没有什么可是！小美，不管班上的同学怎么样，你都不可以和他们一样欺负小伟和凡凡。你想想，如果经历这一切的不是小伟和凡凡，而是你，你会有怎样的感受呢？"

李小美："我知道了，我错了，妈妈。"

李小美红着眼睛，仿佛真的换作自己经历了这些痛苦的境遇。

你看，故事中的小伟和凡凡，本身没有做错任何事。但因为他们的家庭条件、他们的父母关系，让他们受到了同学的歧视，从而被排挤在"正常"同学之外。别惊讶，这种事情现在正发生在每一所学校、每一个班级里。有很多因为受到歧视而被迫处于社交弱势的孩子，正经历着你所难以想象的苦难经历。他们有的在苦难中成长，练就了一身"铜皮铁骨"；也有的被苦难所击垮，变得自暴自弃，甚至是走上歧途。

那么，关于嫉妒心理和歧视心理，我们该如何教育孩子呢？我认为最好的解决办法就是让孩子学会换位思考，也就是培养孩子的共情能力。只有让孩子设身处地感受到他人成功的喜悦或者痛苦，孩子才能拥有健全的同理心，才会从自身做起，去真正接纳那些不该被排挤的同学。家长在平日里应该让孩子更多地接触一些与嫉妒和歧视有关的文学作品或者是影视作品，让孩子更早拥有共情能力。

也许我们无法直接帮助那些被嫉妒和歧视所折磨的幼小心灵，但我们能够帮助我们自己的孩子，让他们不会成为嫉妒者和歧视者的帮凶。善待他人，从教育好自己的孩子做起。

暴力倾向

先看个例子。

小龙是学校的"小恶霸"，大家都怕他，他在学校里有个外号，叫作"龙哥"。从小龙刚到这所学校至今不到两年的时间，他因为打架已经被通报批评了四五次。平日里他也是动不动就对同学挥拳头，可以说学校里没有人不怕他，同学们见到他都尽可能地绕着走。虽然人人都叫他"龙哥"，但实际上，小龙在学校里一个朋友都没有。这让他每次想起来都更加生气，于是变得更加暴躁、易怒。

我想，每个学校里应该都会有小龙这样的学生存在。他们暴躁、易怒，动不动就打架闹事。他们没有朋友，因为别人都怕他们。这种孩子很可能出现因为暴力倾向而造成的行为偏颇。如果不加以遏制和纠正，他们很可能会变得变本加厉，搞不好还会误入歧途，走上犯罪的道路。

那么，孩子的暴力倾向产生的原因有哪些呢？

"恶魔基因"作祟

美国一项研究表明,如果男孩体内单胺氧化酶 A 基因(monoamine oxidase A,MAOA 基因)发生变异,他们的暴力倾向明显增加。甚至这种让人产生暴力倾向的基因,还有可能遗传到孩子身上。于是,有人将 MAOA 基因称作"恶魔基因"。

拥有这种"恶魔基因"的孩子天生具有暴力倾向,容易因为冲动而做出暴力行为。针对这种因"恶魔基因"所导致的暴力倾向,只能通过后天的教育改善。如果孩子受到"恶魔基因"的控制和影响,家长就应该更加关注孩子的情绪管理,通过良好的训练和发泄途径,让孩子能够自我克制这种不良倾向的影响。

 家长不良行为的影响

虽然有"恶魔基因"的存在,但大多数孩子的暴力倾向都是受家长的不良行为影响。家长如果总是表现出暴力行为和倾向,孩子就会学习和效仿家长的暴力行为。有些家长信奉"棍棒底下出孝子"的教育理念,总是不跟孩子讲道理,动不动就拳脚相向。久而久之,孩子也会变得懒得讲道理,因为在他们心中,讲道理是毫无用处的,只有拳头才能解决问题。还有的家长因为家庭关系不和睦,而让孩子看到了家长厮打的场景,对孩子幼小的心灵造成了严重的创伤,导致孩子的不良情绪无处发泄和释放,也会产生暴力倾向。总之,孩子的暴力倾向大多和家长有关。家长应该认真审视自己的行为,不要给孩子造成不良的影响。

家庭因素

先看个例子。

小海的爸爸整天和一帮狐朋狗友喝得醉醺醺的,而且总是在外面惹事。小海的爸爸告诉小海,遇事不要怕,有爸爸和爸爸的"兄弟们"给他撑腰。于是,小海在学校里"无恶不作",惹得老师和同学们头痛不已。

再看个例子。

小雨的父母平日里不太遵守公序道德。小雨的爸爸经常在公共场所吸烟,小雨的妈妈也多次在公交车上乱丢瓜子壳和纸屑。不但如此,小雨的爸爸妈妈也不懂得尊老爱幼,经常在家里对小雨的爷爷奶奶大喊大叫,毫无尊重可言。小雨有样学样,在外面也不遵守公序道德,在学校里乱丢果皮、纸屑,遇见老人也不尊重,总是大呼小叫。于是,小雨成了学校里老师和同学们公认的没礼貌的人。久而久之,也没有人愿意和小雨交往了。

家长、家庭对于孩子的影响至关重要,甚至可以说起着决定性的作用。前面提到过的贫穷或者单亲家庭的问题可能存在着一些无奈的原因。但是,上面案例中出现的这种情况,就只能说是家长自身的问题了。家长作为孩子的榜样,如果连自己的行为都无法管理好,又何谈去管理孩子的行为呢?品行不端的家长,必然培养出品行不端的孩子。这种情况造成孩子社交困难,不受待见,甚至造成其他的一些矛盾和冲突,都是很难避免的,也是很难做出改变的。

正所谓"子不教,父之过"。家长的行为决定着孩子的行为,家庭的状况决定着孩子的状况。希望家长能够先努力做好自己,给孩子树立一个真正值得去效仿的优良榜样,为自己负责,更为孩子负责。你的孩子最终会变成什么样的人,很大程度上取决于你在孩子面前扮演了什么样的角色。

家长们,你们希望自己的孩子变得更好吗?当然,那就让自己做出更好的表率吧!

看到这里,你是否对于孩子的社交世界有了一个大致的了解呢?孩子需要社交,需要通过社交的方式来完成自我表达,实现自我价值;孩子需要社交,需要通过社交的途径获得自我不足之处的补充和完善;孩子需要社交,良好的社交行为可以带给他/她更多的爱与鼓励,更多的快乐和幸福,以及更加美好和光明的未来。

作者感言

至此，本书的内容已经全部写完。回顾本书的创作历程，我依然会不禁问自己，我为什么要写这样一本书？

这十余年来，作为一名教育工作者，我一直在从事有关青少年教育相关的工作。在这期间，我见到过太多需要帮助的家长和孩子。我至今仍记得他们面带不解与困惑的表情，更忘不了他们那满含期望与决心的眼神。我记得每一位跟我打过交道的家长，为了能让自己的孩子拥有一个更加美好的未来，他们无一不愿倾尽所有。我记得每一个想要变得更好的孩子，他们那幼小的身体却能爆发出令人惊叹的拼搏精神与力量。

然而，就是这样一群值得尊敬的家长和孩子，却往往因为在教育上不得其道，在学习上不得其法而深陷困境，在绝望的泥潭里苦苦挣扎，痛苦不已。

家长们常常问我：

"唐老师，我把一切都给了孩子，但我的孩子为什么总是不听话，甚至是愈演愈烈，变得孤僻和叛逆。"

"唐老师，为什么我的孩子一直都很努力，但学习成绩就是一直没有起色，甚至越来越差。"

孩子们也向我倾诉：

"唐老师，我已经长大了，有些事我想自己做主，但家长却总觉得我是个孩子，什么事都要替我做主。"

"唐老师，我真的已经很努力了，但家长的期望实在是太高了，我

焦虑，让孩子爱上学习

真的很难做到。看到他们失望我很内疚，但我也想要被认可、被鼓励，我也需要时间去继续努力。"

我听着家长们和孩子们的不解与困惑，同时也感受到家长们和孩子们之间那被表面上的矛盾所掩盖的亲情与浓浓的爱意，不禁陷入了深深的思考。作为一位教育工作者，更作为一位父亲，此刻，我的内心萌生出了一个强烈的念头，想要立刻就去帮助这些家长们和孩子们，去帮助他们战胜困难、走向光明。于是，我提起了笔，迫切地想要写下我对家庭教育的想法和理念，想把我多年来所掌握的工具和方法与他们分享。我迫切地想要帮助这些需要帮助的家长们和孩子们，用我的经验为他们搭建起一座可以进行良好沟通的桥梁。因此，便有了这本书的创作与问世。

各位亲爱的家长读者们，通过这本书，我想要告诉你们：

你们的孩子，他们并没有不听话，他们可能只是想要真诚地表达自我。

你们的孩子，他们并不是傻，更不是笨，他们也许只是不得方法和要领。

你们的孩子，他们并非孤僻，他们可能是遇到了什么困难，或者有什么难言之隐。

你们的孩子，他们并不是叛逆，他们或许只是想要坐下来，心平气和地与你们一诉衷肠，谈一谈他们自己，谈一谈选择与梦想。

这个世界上，根本就没有笨孩子，有的只是不得要领的家长。现如今的社会飞速发展、千变万化，许多老旧的教育方法和理念已然不适用于今天。以"怕"为核心的老旧理念早已被摒弃，如今的教育是以"爱"为核心的教育，是有关健全人格的教育，更是经营与奉献的教育。

要知道，现在的孩子，大多都十分优秀，却因为缺少独立思考的能力，内心充满着困惑。

要知道，现在的孩子，大多都非常聪明，却因为缺乏自我管理的能力，总显得不够自信。

所以，本书以情绪管理的内容作为开篇切入，就是想要帮助家长们和孩子们能够构建良好的内在情绪和精神状态，从而能够不受干扰地判断与思考。第二部分目标管理内容，更是有关目标与梦想的选择。让孩子能够科学自主地选择自己的目标与梦想，是每一位家长义不容辞的责任。当然，我们不仅要发挥孩子的自主判断和选择的能力，更要教会孩子为自己的选择负责，这也是这部分内容所想要传达的重要理念。有了目标和梦想，行动力和科学的方法论就显得尤为重要。本书第三部分和第四部分正是为此而作，希望能够在执行和效率层面助家长们和孩子们一臂之力，让孩子们会学习，更爱学习。以上种种，都需要一个健康健全的人格作为支撑，这就需要好的家庭教育和社会交往。本书的最后一部分正是能够帮助孩子拥有良好社交的内容。

培养懂事明理、自信乐观的孩子；
培养精神独立、责任感强的孩子；
培养说到做到、不畏困难的孩子；
培养善于学习、乐于交际的孩子。

培养一个人格健全、自信成功的孩子。这是每一位家长都想要实现且在为之不懈努力的事情，也是我真正想要通过本书帮助到大家的事情。

亲爱的家长读者们，阅读本书，做孩子的"专属训练师"，做孩子的朋友，为他/她保驾护航吧！

亲爱的孩子读者们，通过本书，了解到你父母的良苦用心，好好去努力，去奋斗，不要辜负他们，更不要辜负自己。

你为什么要努力？

因为，光就在那里。

因为，成功就在那里。

唐 刚
2021 年 9 月 10 日